Pralle Prinzessinnen

Tine Wittler
Pralle Prinzessinnen

*Styling
für starke Frauen*

Illustriert von Steffi Schütze

Eichborn

1 2 3 4 09 08

© Eichborn AG, Frankfurt am Main, März 2008
Umschlaggestaltung: Christina Hucke
Redaktion: Stefanie Zeller/Königskind Projektagentur
Lektorat: Simone Kreuzberger
Layout und Satz: Christina Hucke
Druck und Bindung: Druckerei Uhl, Radolfzell
ISBN 978-3-8218-7300-8

Eichborn Verlag, Kaiserstraße 66, D-60329 Frankfurt am Main
Mehr Informationen zu Büchern und Hörbüchern aus dem Eichborn Verlag
finden Sie unter www.eichborn.de

Inhalt

Liebe Leserin!
Liebe pralle Prinzessin!

Liebe Leserin!
Liebe pralle Prinzessin!

Mädels, die in diesem unserem Lande eine 4 oder gar eine 5 als erste Ziffer ihrer Konfektionsgröße tragen, haben es nicht leicht – und das nicht nur, weil sie per se schwerer sind als ihre schlanken Mitstreiterinnen! Denn zusätzlich zum meist eh schon vorhandenen Knacks im Selbstbewusstsein kommt noch ein weiterer, elementarer Punkt hinzu: der tägliche Frust im Umgang mit Mode. Für eine große Größe wirklich schöne Teile zu finden, die den eigenen Körperformen und dem eigenen Geschmack gerecht werden, kann zur Lebensaufgabe mutieren. Dabei haben wir doch eigentlich viel Besseres zu tun, als mit unserem Aussehen und seiner Verpackung zu hadern! Wie also damit umgehen, (im wahrsten Sinne des Wortes) umfassendere Bedürfnisse zu haben als schmale Geschlechtsgenossinnen, ohne die Lust am Schönmachen, am Shoppen und am Stylen zu verlieren?

Das Gute vorweg: Damit umzugehen und diese Lust (wieder) zu entdecken kann man lernen. Für jede pralle Prinzessin gibt es das richtige Rezept für die passende Verpackung, die Appetit auf den üppigen Inhalt macht, statt wie ein stummer Vorwurf am Körper zu hängen. Diese Lust (wieder) zu entdecken und dafür zu sorgen, dass pralle Prinzes—sinnen sie sich zunutze machen, das wollen wir mit diesem Ratgeber versuchen. Denn als Trägerin einer Konfektionsgröße 50/52 – und dann auch noch im Fernsehgeschäft! – weiß ich wirklich, wovon ich rede. Mittlerweile habe ich gelernt, das Beste daraus zu machen. Das war zwar nicht einfach – aber am Ende des Weges war die Belohnung umso größer!

Zuallererst:
Werden Sie pralle Prinzessin!

Das Wichtigste zuerst: Sie sind eine Frau – und somit ganz automatisch eine Prinzessin. Wenn Sie denn wollen! Sie haben von allem das Beste verdient, und das hat nichts mit Ihrem Gewicht oder Ihrer Konfektionsgröße zu tun. Denn auch wenn Sie – und ich! – bei Weitem keine Größe 38 tragen und nur milde mit dem Kopf schütteln, wenn andere sich über ihre kleinen Problemzönchen oder die zwei, drei lächerlichen Kilos zu viel beschweren: Wir alle sind Prinzessinnen. Wir wollen schön sein und uns schön fühlen, weiblich, lebenslustig, begehrenswert. Wir wollen auch zeigen, was wir haben. Und was wir nicht verstecken können, das wollen wir eben betonen – aber bitte nicht mit der Keule, sondern sophisticated und raffiniert. Prinzessin zu sein ist keine Frage des Aussehens, sondern eine Frage des Denkens und Handelns! Eine Prinzessin weiß, was sie wert ist, und sie macht diesen Wert nicht von Maßen und Zahlen abhängig – weder in Sachen Geld noch in Sachen Alter oder Hüftumfang. Eine Prinzessin ist sich immer ihrer Einzigartigkeit und Besonderheit bewusst. Sie weiß, was sie kann und womit sie glänzt. Sie genießt es sogar, anders zu sein als andere!

Es gibt Prinzessinnen mit riesigen Nasen, mit Konfektionsgröße 58, mit krummen Beinen und mit A-Körbchen. Eine Prinzessin erkennt man daran, dass sie das, was sie ist und hat, liebevoll und sorgfältig behandelt – und auch ihre Makel mit Würde trägt. Mehr noch: Eine wahre Prinzessin macht ihre Makel zu ihrem Markenzeichen und nimmt damit ihrer überkritischen Umwelt von Anfang an den Wind aus den Segeln. Wenn eine Prinzessin schief angesehen oder herablassend beäugt wird, dann macht sie sich besonders gerade und läuft ganz unbeeindruckt noch einmal Schau – und zwar mit einem majestätischen Lächeln. Eine Prinzessin weiß, was sie will, und sie weiß, was sie tun muss, um ihre Vorzüge zu betonen und ihre kleinen Fehler charmant auszubügeln. Eine Prinzessin weiß auch, dass sie eine Frau ist, und sie genießt das. Frösche und Prinzen gleichermaßen machen ihr den Hof, und das erwartet sie auch. Die Gnade der königlichen Geburt gibt es für eine Prinzessin unserer Definition übrigens nicht: Eine Prinzessin, wie wir sie meinen, verlässt sich niemals darauf, nur wegen ihres Äußeren oder wegen der Frösche und Prinzen im Leben weiterzukommen! Sie nimmt die Dinge selbst in die Hand.

Sexy? Aber hallo!

Zugegeben: In puncto »Frösche und Prinzen« haben pralle Prinzessinnen es nicht ganz leicht. Denn sich sexy zu fühlen, für Männer begehrenswert zu sein – das spricht man prallen Frauen gern ab, da darf man sich nichts vormachen. »Zu dick!« – nur zu oft scheint dies das größte Manko, das eine Frau haben, der größte Fehler, den eine Frau machen kann. Schönheitsfehler wie Leberflecken, Zahnlücken oder Stupsnasen sind im gesellschaftlichen Konsens verzeihlich, ja sogar liebenswert – Dicksein

nicht. Witze und dumme Sprüche lassen sich hierüber ganz besonders leicht und effektiv platzieren, denn sie sind ganz besonders platt, und nur was besonders platt ist, wird auch von der Masse verstanden.

Aber dafür gibt es einen guten Grund, und daran sind wir Mädels nicht ganz unschuldig. Denn: Über dieses Thema ärgert sich jede Frau – jedenfalls solange sie noch keine Prinzessin ist. Fällt Ihnen ein sensibleres Thema ein, mit dem man eine Frau leichter verletzen kann, auf dem Comedians mehr herumreiten oder mit dem mehr Geld verdient wird als mit Figurproblemen und Diäten? Ein Thema, mit dem man(n) über fünfzig Prozent der Weltbevölkerung auf einmal drankriegt? – Mir nicht. Klar, dass das gnadenlos ausgenutzt wird!

Ein Grund mehr, zur Prinzessin zu werden! Denn eine wahre pralle Prinzessin sieht gelassen über solche Nichtigkeiten hinweg und widmet diesen Dingen nicht mehr Aufmerksamkeit, als sie verdient haben. Vor allen Dingen lässt sie sich davon nicht den Spaß am Frausein nehmen, am Hübschmachen, Genießen, Betonen und Verführen. Im Gegenteil: Eine pralle Prinzessin weiß die Dinge einzuordnen und lächelt ganz besonders hintergründig, wenn sie das nächste Mal einen Witz über Penislänge oder Impotenz hört – das männliche Pendant zum weiblichen Figurkomplex. Sie weiß ja um die wahren Hintergründe! Und vor allen Dingen weiß sie, dass auch sie einen Mann um den Verstand bringen kann. Denn ob dicker als andere Frauen oder nicht: Sie ist eine Frau, sie ist es gerne, und als solche zeigt sie sich auch!

Ach ja, und außerdem hat die wahre pralle Prinzessin auch erkannt: Vielleicht ist es gar nicht so übel, nicht auf den ersten Blick als Sexbombe durchzugehen. Klingt fies, aber ist so: In der Regel wird man ihr (im Vergleich zur langbeinigen Kollegin) nämlich nicht hinter vorgehaltener Hand vorwerfen, sie habe sich hochgeschlafen. Und dass dünnere Frauen ihre Macht als Konkurrentin lau-

fend unterschätzen, hat ihr vielleicht auch schon das ein oder andere Mal zum Vorteil gereicht!

Stellt sich also jetzt die Frage: Wie verankere ich das Prinzessinnen-Bewusstsein schnellstmöglich in meinem hübschen (und schlauen!) Köpfchen?

Oberstes – und gleichzeitig schwierigstes! – Gebot: Eine pralle Prinzessin hadert nicht mit ihrem Schicksal! Sie liebt und lebt ihr pralles Leben. Sie hat sich und ihre Persönlichkeit, ihre Stärken und Schwächen und somit auch ihre Figur und ihre Konfektionsgröße akzeptiert. Eine pralle Prinzessin weiß genau: Wenn ich wirklich unzufrieden bin, dann kann ich etwas dagegen tun (und, ja!, das heißt auch: abnehmen, wenn die Figur so prall wird, dass die eigene Prinzessin einfach nicht mehr durchkommt).

Wenn es so weit sein sollte, dass sie dauerhaft unzufrieden ist, dann wird sich eine pralle Prinzessin voller Elan daran machen, das zu ändern.

Denn eines kann auch eine Prinzessin nicht: anderen etwas vorgaukeln. Das Pralle-Prinzessinnen-Prinzip funktioniert also nur, wenn die Grundlage – sprich: die Versöhnung mit dem prallen Ich – auf soliden Füßen steht.

Und das wiederum fällt leichter, wenn man dieses pralle Ich ein wenig verwöhnt, ihm Gutes tut und dafür sorgt, dass es gut aussieht, gepflegt und vorteilhaft in Szene gesetzt wird – und zwar von oben bis unten. Es geht also mal wieder alles Hand in Hand – auch wenn es im Kopf beginnt!

Der Weg der Prinzessin ist steinig!

Übertreiben wir mal ein bisschen: Bevor eine Frau zur prallen Prinzessin aufsteigen kann, muss sie das Tal der Tränen durchschreiten. Das heißt: Sie muss sich und ihr Äußeres bis aufs i-Tüpfelchen kennenlernen, von allen Seiten, und das tut meistens weh. Sogar sehr weh! Rechnen Sie mit dem Schlimmsten!

Ich erinnere mich gut an meinen ganz persönlichen »Kennenlern-Schock« im Jahr 2003. Ich war gerade dreißig Jahre alt geworden und wurde gefragt, ob ich nicht Lust hätte, einen Pilotfilm für eine Renovierungssendung zu moderieren. In meinem jugendlichen Leichtsinn sagte ich unbekümmert zu – und wurde wenige Tage später mit den Filmaufnahmen meiner Selbst konfrontiert. Wenn ich daran zurückdenke, wird mir jetzt noch übel!

Sie kennen vielleicht die unschöne Situation, die eigene Stimme auf einem Tonband zu hören. Schlimm genug, aber: Nehmen Sie dieses Gefühl und potenzieren es mit tausend, packen Sie noch einen kräftigen Schlag mit einem Baseballschläger mitten ins Gesicht dazu sowie das ungute Gefühl, wenn Ihnen jemand den Boden buchstäblich unter den Füßen wegzieht – dann haben Sie eine ungefähre Ahnung davon, wie es ist, sich selbst plötzlich mit allem, was dazugehört, live und in Farbe (und vor allem in Bewegung!) auf einem hochauflösenden Bildschirm zu sehen.

Dieser Gang!!! (Ich wanke wie eine alte Fregatte.) *Diese Frisur!!!!* (Prinz Eisenherz für Arme.) *Diese Mimik!* (Eigentlich gucke ich immer böse, auch wenn ich gar nicht böse gucken will!) *Diese steile Falte da oben zwischen den Augen!* (Ich dachte, meine Stirn wäre viel glatter.) *Dieser Hintern!!!* (Er hat also wirklich die Form eines Einkaufskorbes.) *Diese*

Hose! (Ich dachte immer, die sitzt ganz gut.) *Diese Finger!* (Sind das eigentlich Würstchen???) *Diese Lache!!!* (Oh Gottogott. Wie eine blecherne Mülltonne.) *Dieser BH!* (Zeichnen sich die Träger immer so ab?) *Diese Plattfüße!* (Nie wieder

Flip-Flops on TV.) Und so weiter und so weiter. Der Schock saß wirklich tief! Ich hockte minutenlang da wie vom Donner gerührt und dachte, ich müsste sofort vor Scham im Boden versinken. »Das bin ich?!«, hat es in meinem Kopf gehämmert, und ich war ehrlich erschüttert.

Mein Selbstbild hatte jahrelang völlig anders ausgesehen: In meiner eigenen Vorstellung war ich – natürlich! – um einiges schlanker; meine Haare waren fülliger, meine Beine länger, mein Kinn war nur einfach vorhanden und nicht gleich dreifach, und mein Gang war eleganter, um nur einige Punkte zu nennen. Es hat ein paar Tage gedauert, bis ich wieder halbwegs klar denken konnte. Als es so weit war, wusste ich: Ich bin an einem ganz wichtigen Punkt auf meinem Weg angekommen, und ich muss jetzt eine Entscheidung treffen, die mich sicherlich für längere Zeit begleiten und beeinflussen wird.

Als feststand, dass wir nach dem Piloten in Serie gehen sollten, hatte ich vier Möglichkeiten: Erstens, die Chance auf eine eigene Sendung Chance sein zu lassen und das Angebot abzulehnen. Zweitens: Erst einmal mich selbst renovieren zu lassen, mit allen erlaubten und unerlaubten Mitteln von der Nulldiät bis zur Ganzkörper-OP, um sofort all das zu ändern, was ich da gesehen hatte. Dritte Möglichkeit: Mit dem, was ich gesehen hatte, dauerhaft zu hadern – und mich somit auch dauerhaft unglücklich zu machen. Oder aber, viertens: Mich damit anzufreunden, was ich gesehen hatte, und zu versuchen, Selbst- und Fremdbild einigermaßen deckungsgleich einander anzupassen.

Letzteres ist mir irgendwie gelungen. Nicht von heute auf morgen, aber stetig, Schritt für Schritt. Die größte Hilfe dabei war das Wissen, dass andere mich ja schon seit dreißig Jahren genau so sehen, wie ich mir in besagtem Schreckmoment auf dem Bildschirm zum gefühlt allerersten Mal begegnet bin – und mich trotzdem lieb haben. An der Art, wie andere mich wahrnehmen, würde sich ja nichts ändern – die einzige wirkliche Änderung musste in meinem Kopf stattfinden.

Das Gebot der Stunde lautete somit: *Mach Dir nichts vor – das bist Du! Und zwar schon seit dreißig Jahren. Nett, Dich kennenzulernen, alte Fregatte! Und dazu die Erkenntnis: Bislang war Dein Leben doch auch in Ordnung. Also freunde Dich an mit Dir selbst und mach das Beste draus! Trage das, was Du hast und bist, mit Stolz, Würde und einer gewissen Liebe zu Dir selbst. Lass Dich nicht verrückt machen. Pflege Dich selbst! Hülle Dich in Dinge, die zu Deinem Vorteil sind, und umgib Dich mit Menschen und Dingen, die Dir gut tun! Sei eine Prinzessin!*

Et voilà – die pralle Prinzessin war geboren!

Eine Prinzessin weiß, was ihr steht!

Machen Sie sich also auf, sich kennenzulernen – und Ihren ganz persönlichen Schreckmoment zu erleben! Möglichkeiten dafür gibt es viele: Vielleicht wollen Sie das ganz harte Programm fahren, wie oben beschrieben, und bitten eine Freundin oder einen Freund, Sie einen Tag lang mit einer Videokamera zu begleiten. (Achtung: Es geht hier nicht nur um Ihr Gesicht. Laufen Sie zum Beispiel einfach mal in der Totalen auf die Kamera zu! Sie werden sofort nie wieder in der Öffentlichkeit ein Bein vor das andere setzen wollen!!!)

Die andere Variante: Starten Sie unter Leuten, die Sie gut kennen, eine Umfrage. Fragen Sie nach Ihren äußerlichen Plus- und Minuspunkten, nach seltsamen Angewohnheiten oder Bewegungsbesonderheiten, die Sie an sich selbst vielleicht noch gar nicht wahrgenommen haben, oder nach mimischen Eigenarten, die sich Ihnen nie offenbaren, wenn Sie mit Ihrem kontrollierten »Spiegel-Blick« in den Spiegel oder Ihrem freundlichen »Foto-Gesicht« in die Linse eines Fotoapparates schauen! Und: Lassen Sie sich klipp und klar sagen, was an Ihnen gut aussieht und was nicht, welche Ihrer Kleidungsstücke Sie am besten sofort verbrennen sollten und warum, und welche Fehler Sie bei Ihrem Styling am häufigsten machen. Sie werden sich wundern, was dabei herauskommt! Vergessen Sie dabei aber bitte die Positiv-Liste nicht. Keinesfalls nur nach Fehlern fragen, sondern immer auch nach Vorzügen! Vielleicht haben Sie viel schönere, wirkungsvollere Augen, als Sie immer dachten. Oder hübsche Hände, an denen Sie wirklich mal einen Ring tragen sollten. Oder eine atemberaubende Taille zwischen dem D-Körbchen und den ausladenden Hüften, die Sie immer so verfluchen. Lassen Sie sich überraschen!

Obacht: Letzte Variante klingt zwar im ersten Moment harmloser als die Video-Version, aber sie ist es keinesfalls! Gegebenenfalls müssen Sie damit leben, Dinge um die Ohren gehauen zu bekommen, die im Normalfall Grund genug wären, den Kontakt zur sie aussprechenden Person sofort abzubrechen. Aber kneifen gilt natürlich nicht! Eine Prinzessin nimmt diese Dinge an und nutzt sie dann für sich. Würde ist das Stichwort – und das Talent, die Dinge – auch die negativen! – so zu drehen, dass sie unterm Strich neue Erkenntnisse und Vorteile bringen. Eine pralle Prinzessin macht sich die Welt, wie sie ihr gefällt, und fängt damit immer bei sich selbst an! Und: Eine Prinzessin weiß natürlich längst, dass man es niemals, aber auch wirklich niemals (!) allen recht machen kann – irgendwer hat sowieso immer was zu meckern. Wenn das aber so ist, sagt sich die pralle Prinzessin, dann ist es letztendlich egal, wen ich wie durch mein Äußeres vor den Kopf stoße – mein Wohlgefühl geht vor!

Hübsch machen verboten?!

Wenn für pralle Prinzessinnen wie mich »Mode« gemacht wird, dann habe ich oft das Gefühl: Da hat aber jemand nicht nachgedacht. Und dieses Gefühl mutiert spätestens in der Umkleidekabine zur schieren Verzweiflung: Was eben auf dem Kleiderbügel noch ganz vertretbar aussah, hängt an mir plötzlich wie ein Sack. Oder – noch schlimmer – engt mich ein wie eine Wurstpelle. Die Ärmel zu kurz, die Schultern zu eng, der »Stauraum« für die Oberweite viel zu voluminös und formlos; die Hüfte wiederum zu knapp, Röllchen und Popo nur zweifelhaft kaschiert, das durchaus vorzeigbare Dekolleté meistens unter langweiligen Hemdkragen oder unvorteilhaften Ausschnittlösungen begraben statt betont. Dazu diese Farben! Diese Muster! Formen und Schnitte, die wider jede Proportion zu arbeiten scheinen!

Mein Leben lang schien klar: Wer in eine 38 passt, vor der macht die Modeindustrie einen Knicks. Wer hingegen Kleidergröße 46 aufwärts trägt, scheint eine persona non grata zu sein: raffinierte Schnitte verboten, die Liebe zum aufwändigen Detail verboten, Hingucker-Farben verboten, Hübschmachen verboten!

Das ist natürlich totaler Quatsch – jedenfalls seit die Modeindustrie erkannt hat, dass es mit Mode in großen Größen einen wahren Mega-Markt zu bedienen und entsprechendes Geld zu verdienen gibt. Das ist zwar noch nicht sehr lange der Fall, aber: Die Lage bessert sich, und zwar laufend. Wahr ist also: Hübschmachen ist auch für eine Frau jenseits der Konfektionsgröße 38 erwünscht. Aber: Hübschsein braucht Arbeit! Man darf niemals erwarten, dass es einen von allein findet. Die Handvoll Frauen, die von der Schönheit gefunden wurden, ohne viel dazuzutun, verdienen ein Vermögen damit – gerade weil es sie so selten gibt. Für alle anderen gilt: Vor dem Hübschsein kommt die Arbeit! Und das gilt nicht nur für pralle Prinzessinnen, sondern für alle Frauen. Pralle Prinzessinnen haben nur eben mehr Fläche, an der sie sich austoben – aber an der sie

Glitzersteinchen drauf, die sich bei der ersten Wäsche ganz wunderbar in der Waschmaschinentrommel verhaken, und Oberteile, die sich eher als Tischdecke denn als modisches Statement eignen. »Spaß am Shoppen« sieht für mich jedenfalls anders aus – einer prallen Prinzessin ist ein solches Szenario kaum würdig. Im besseren Fall sind die Modelle an sich vielleicht ganz schön –

jedenfalls solange sie an der Schaufensterpuppe hängen. Am eigenen Körper sieht das Ganze dann anders aus. Irgendwas ist da immer – und zwar in der Regel leider immer falsch! Schnittfehler, völlig unrealistische Proportionen, diese kleinen fiesen Details wie Gesäßtaschen mit Knöpfen oder Schulterpolster, die nur noch mehr auftragen … – aber das hatten wir ja alles schon.

Tja, und dann steht man da, mit Geld in der Tasche, das man wirklich gewillt ist auszugeben – und ist mit nichts so richtig glücklich, selbst wenn die Verkäuferin darauf besteht, dass einem »das aber wirklich ganz ausgezeichnet steht«, während man von hinten die entsetzten Blicke der anderen Kundinnen förmlich wie Pfeile im Rücken spürt. Irrrrks!!! Auch mir ist es weiß Gott mehr als einmal passiert, dass ich einen solchen Laden statt mit einem zukünftigen Lieblingsteil, das wirklich meinen Wünschen entsprach, mit fünf Teilen verließ, die es nur deshalb in die Tüte geschafft

haben, weil ich bei ihrem Anblick immerhin keine spitzen Schreckensschreie ausgestoßen habe. Leider ergeben fünfmal zwanzig Prozent immer noch keine hundert – aber das merkt man zu Beginn des Prinzessin-Werdens meistens erst dann, wenn man ein paar Tage später mal wieder vor dem Kleiderschrank steht, seufzt, dass man nichts anzuziehen hat, und die neu gekauften Teile geflissentlich ignoriert, weil man sich in ihnen eben doch nicht wohlfühlen würde.

Seit ein paar Jahren hat sich dieses Schreckensszenario ein wenig entspannt. In Zeiten des Versand- und Internethandels lässt sich die schlaue pralle Prinzessin ihre Wunschteile nach Hause kommen; wenn es sein muss, auch in unterschiedlichen Größen und Farbvarianten – das in der Regel vierzehntägige Rückgaberecht macht es möglich. Ich kann diese Vorgehensweise nur empfehlen! Daheim, in aller Ruhe, anprobieren und die Kaufentscheidung treffen zu können macht das Ganze um einiges angenehmer. Eine Prinzessin sollte immer die Wahl haben! Weiterer Vorteil: Der eigene Kleiderschrank bzw. sein Inhalt ist auf die Schnelle greifbar – so kann man gleich schauen, ob sich das bestellte Teil denn auch mit bereits Vorhandenem kombinieren lässt. Und: Dem eigenen Spiegel glaubt man immer mehr als dem, der uns vielleicht aus Gründen der Verkaufsförderung eine Silhouette vorgaukelt, die es so gar nicht gibt. Der heimische Spiegel kennt einen in allen Lebenslagen – gut gelaunt, schlecht gelaunt, bei Abend- und Tageslicht, von links und von rechts, verkatert und vergnügt. Lassen Sie Ihrem Heimatspiegel den Vortritt – in der Regel lohnt sich das!

Betonen statt verstecken!

Sobald eine pralle Prinzessin um ihr wahres Ich weiß und die Tatsachen halbwegs verdaut hat, wird sie sich zielstrebig daran machen, die entsprechenden Maßnahmen zu ergreifen. Das bedeutet: Kleiderschrank, Schuhregal, Makeup-Täschchen und Schmuckschatulle durchforsten und entsorgen, was entsorgt werden muss – ohne Wenn und Aber. Auch hier gegebenenfalls bitte eine Freundin zu Rate ziehen! Was nicht geht, geht nicht – oftmals weiß das nur eine Außenstehende wirklich zu beurteilen.

Wichtig ist vor allem der Prinzessinnen-Grundsatz: Was Du nicht verstecken kannst, das musst Du betonen. Verstecken ist uncool, und das hat eine Prinzessin nicht nötig! Niemals! Keine Angst also vor Farben, vor körperbetonter Kleidung, vor hohen Schuhen oder sexy Ausschnitten. Die Zeiten, in denen sich dickere Frauen in unförmige, triste Jutezelte hüllen und am besten auch noch schämen mussten, sind vorbei, und zwar ein für allemal. Pralle Prinzessinnen dürfen auffallen! Denn: Sie tun es sowieso. Also machen Sie's gleich richtig. Versuchen Sie niemals, so wenig wie möglich hervorzustechen. Das klappt eh nicht! Sie sind keine graue Maus, und deshalb sollten Sie sich weder wie eine benehmen noch wie eine kleiden. Pralle Prinzessinnen legen Wert auf eine Wirkung, die sie selbst beabsichtigt haben, und sind in der Lage zu steuern, wie sie von anderen wahrgenommen werden.

Zeigen Sie sich wandlungsfähig!

Prinzessinnen sind launisch – und können auf diese Art und Weise auch für lange Zeit faszinieren und fesseln. Nutzen Sie das, spielen Sie mit Ihren Stimmungen und Launen, auch modisch! Mit einer wahren prallen Prinzessin wird es niemals langweilig. Sie überrascht ihre Umwelt immer wieder – und Sie wissen ja, wie unbezahlbar das ist!

Achtung, Falle: Das heißt jetzt nicht, dass Sie – siehe oben! – jedem Trend hinterherrennen sollen. Aber: Sie sollten für jede Ihrer wiederkehrenden Launen das passende Outfit im Schrank haben. Eine pralle Prinzessin, die sich wirklich selbst kennt (und Sie wissen ja, ich sag's nur noch mal: Das ist die Grundvoraussetzung, um als Prinzessin durchzustarten!), wird wissen, welche Launen das sind! Wenn Sie sich an einem lauen Sommertag gerne mal fühlen wie ein unbeschwertes Hippie-Mädchen und es passt zu Ihnen, dann ziehen Sie sich auch so an. Gelegenheit für das strenge Business-Outfit haben Sie am nächsten Tag, wenn Sie wieder ins Büro gehen, noch genug. Und wenn Sie ausgehen und sich sexy fühlen wollen, dann schöpfen Sie auch hier entsprechend aus dem Vollen – mit einem Dekolleté bis zum Bauchnabel, wenn Sie es sich denn leisten können. Wichtig ist dabei nur: Zwängen Sie sich diese Rolle nicht auf. Erst die Laune, das Gefühl, dann das Outfit – und nicht andersherum, das klappt in der Regel nicht. Und: Wenn Sie mit Ihren Outfits unterschiedliche Rollen bedienen, dann be-

deutet das nicht, dass Sie Ihrem Stil untreu werden. Die Kunst liegt darin, Ihren ganz eigenen Stil in jeder Rolle durchsetzen zu können!

Oft braucht es für eine Verwandlung kein komplettes Outfit: Häufig geben schon Accessoires ausreichend den Ton an. Die lange Klimperkette macht aus der schlichten weißen Tunika von ganz allein das Hippie-Hemd. Das Kopftuch macht Sie während des Landausflugs zum unschuldigen Heimatfilm-Sternchen, das im Stroh eine Menge Spaß hat. Und der schlichte schwarze Haarreif zum schwarzen Herrenhemd entführt Sie direkt ins Künstlerviertel nach Paris – noch einen breiten schwarzen Lidstrich dazu und ein bisschen Gloss aufs Schmollmündchen, und los geht's in Brigitte-Bardot-Manier.

Eine pralle Prinzessin spielt gern mit den unterschiedlichsten Rollen. Sie ist und bleibt immer ein bisschen unberechenbar – obwohl sie selbst natürlich zu jeder

Zeit ganz genau weiß, worum es gerade geht! Auch ein bisschen Luxus gehört für die pralle Prinzessin dazu: Sie besitzt ein ganz besonderes Parfum, das wirklich zu ihr passt; edle Unterwäsche und ein schönes Negligé für spezielle Abende, mindestens ein kleines Schwarzes – und sie hortet Strumpfhosen in einem schönen Hautton sowie in Schwarz (für die ganz Mutigen: halterlose Strümpfe – obwohl, die rutschen immer so …!) für den Fall der Fälle auf Vorrat!

Der kleine Kick fürs Prinzessinnen-Dasein!

Der Spruch ist uralt, aber wahr: You never get a second chance to make a first impression – für den ersten Eindruck bekommt man nie eine zweite Chance. Das gilt auch und gerade für pralle Prinzessinnen! Eine wahre pralle Prinzessin hat, was ihren Körper und seine Pflege betrifft, einen Standard, unter dem sie's einfach nicht macht. Dieser Standard ist quasi das Grund-gerüst, das sich je nach Anlass ausbauen lässt, und dieser Standard kann bei jeder anders aussehen. Die eine verlässt das Haus vielleicht nicht ohne getuschte Wimpern (so wie ich; dafür ist immer Zeit), die andere nicht, ohne sich von Kopf bis Fuß mit Bodylotion verwöhnt zu haben oder ohne gepflegte Fingernägel (schon etwas schwieriger durchzuhalten!); die dritte braucht vielleicht schöne Unterwäsche, um sich wirklich wohlzufühlen (nicht zu unterschätzen! Schöne Wäsche verleiht einem immer eine ganz besondere Grundmajestät – schließlich sind Sie so für wirklich jeden Fall gewappnet). Einigen Sie sich mit sich selbst auf Ihren persönlichen »Soll-Zustand« und verinnerlichen Sie diesen. Finden Sie heraus, was Ihnen Ihr ganz persönliches »Prinzessinnen«-Feeling gibt, und machen Sie diesen Standard zum absoluten Pflichtprogramm in jeder Lebenssituation. Die Ausrede »Keine Zeit« gilt nicht – Sie würden ja auch nicht nackt vor die Tür gehen, oder? Stellen Sie sich einfach vor, zum Anziehen würden per se nicht nur Hose oder Rock und Oberteil gehören, sondern auch altmodische Gamaschen, ein

Korsett oder Hüftgürtel. Die Zeit, die Sie brauchen würden, um diese anzulegen, investieren Sie in Ihr ganz individuelles Standard-Detail. Sie werden sich wundern, wie schnell Ihnen die entsprechenden Handgriffe in Fleisch und Blut übergehen und was für einen Unterschied sie machen können! Machen Sie diese entscheidende Kleinigkeit zum Ritual, das Sie auch äußerlich in den »Prinzessinnen«-Stand erhebt, bevor Sie anderen Menschen begegnen. Mir persönlich hilft dieser kleine Trick ungemein, um jedem Tag und jeder Aufgabe mit einem gewissen Grund-Selbstbewusstsein entgegenzutreten. Mittlerweile bedauere ich es zutiefst, wenn ich einmal bummele und diesen ganz besonderen Augenblick mit mir selbst verpasse, und es ist schon vorgekommen, dass ich mich mitten auf einer Veranstaltung mal schnell für eine halbe Stunde verabschieden musste, um noch mal kurz nach Hause zu fahren und den »magischen Moment« nachzuholen. Der kostet nicht viel, ist schnell gemacht – und doch oftmals effektiver als ein sündhaft teurer Aufenthalt im nächsten Wellness-Tempel!

Hilfsmittel? – Ja, bitte!

Eine pralle Prinzessin liebt das Frausein auch deshalb, weil sie weiß, dass sie unsanktioniert tricksen darf. Ein Mann, der in seinen Schuhen Einlagen trägt, um größer zu wirken, oder sich gar die Haare färbt und dies zu verheimlichen versucht, sollte sich tunlichst nicht erwischen lassen (erst recht nicht, wenn er Bundeskanzler ist!). Eine Prinzessin, die sich auf Absätzen bewegt, falsche Wimpern, ein Haarteil, einen Push-up oder ein Mieder trägt, hat damit in der Regel keine Probleme, und ihre Umwelt auch nicht. Es gibt so viele kleine Dinge, die einer prallen Prinzessin das Leben leichter machen können! Nutzen wir sie!

Seit meiner Arbeit vor der Kamera gehören zum Beispiel Klebestreifen zum Fixieren von Ausschnitten und widerspenstigen Klamottenteilen, Sicherheitsnadeln, einzelne Klebewimpern, einzeln anbringbare »Extra-Haare« oder Strumpfhosen mit leichter Stützwirkung zur absoluten

Standardausstattung. Von den dazugehörigen Kosmetika ganz zu schweigen: Glanzspray für die Haare ist ein Muss, ebenso natürlich der langhaltende Lippenstift oder das Make-up mit den Reflektionspartikeln für die lange Galanacht mit rotem Teppich. Da gibt es elastische BH-Zwischenstücke für das »Tuning« von zu eng gewordenen Lieblings-BHs; kleine Polster, die das Einschneiden oder Herunterrutschen der BH-Träger verhindern, oder Klebepflaster, die dafür sorgen, dass das Handtäschchen auch hübsch an seinem (Schulter-)Platz bleibt. Für fast jedes Problem gibt es eine Lösung, und von solch kleinen Zaubermittelchen sollte jede Prinzessin ausreichend Gebrauch machen! Nicht nur, um besser auszusehen, natürlich – sondern auch um des Gefühls willen, alle Möglichkeiten genutzt zu haben. Einer prallen Prinzessin macht es schlicht Spaß, sich nichts entgehen zu lassen. Sie trickst gekonnt und gern, mit weiblicher Raffinesse und Selbstverständlichkeit, und sie tut es für sich – nicht nur, um anderen zu gefallen!

Willkommen in der prallen Welt!

Irgendwann nimmt eine pralle Prinzessin nicht mehr irgendwas. Bei mir war es im Herbst 2004 so weit: Ich sollte für »Einsatz in 4 Wänden« den Deutschen Fernsehpreis erhalten – und ich brauchte ein Kleid. Ein richtiges, ein rauschendes Abendkleid, das für den roten Teppich taugte, für eine Menge Fotos natürlich, und gleichzeitig dafür, eine solch langwierige Preisverleihung halbwegs knitter- und schwitzfleckenfrei zu überstehen. Meine Suche war end- und leider auch absolut erfolglos! Ich trug damals noch Konfektionsgröße 54, und ich hatte keine Chance. Es gab kein Kleid für mich – Punkt. In ganz Hamburg nicht. In einem kleinen Provinzstädtchen hätte ich das Problem vielleicht noch verstanden, aber in einer

Großstadt wie Hamburg? Ich war fassungslos, und ich war kurz davor, die Einladung nach Köln auszuschlagen – wegen des fehlenden Kleides.

Aber dann erinnerte mich eine gute Freundin an ihre Bekannte Sabine Hanneger, eine junge Hamburger Designerin, die auch ich schon oft getroffen und deren Entwürfe ich immer geliebt hatte. Sabine und ich taten uns also zusammen und entwarfen gemeinsam »unser« Fernsehpreiskleid. Ich trug es mit Liebe und mit viel Stolz, denn es hatte alles, was zu einem richtigen Abendkleid gehört: ein schönes Dekolleté, viel Geraffel und Geraschel drumherum, Handschühchen, ein bisschen Glitzer – das volle Programm. Und: Das Kleid gefiel nicht nur mir. Nach der ungefähr zwanzigsten Anfrage, wo ich es denn herhätte, war Sabine und mir klar: Vor uns liegt eine Marktlücke, die ungefähr so groß ist wie der Grand Canyon, und wir beschlossen, ab sofort gemeinsame Sache zu machen – mit einer kleinen Modekollektion für große Größen. Bei prallewelt. com gibt es seitdem eine handverlesene Anzahl von Oberteilen und Kleidern, und zwar ausschließlich in Maßanfertigung. Jedes Teil wird von Sabine selbst handgefertigt, mit viel Liebe zum Detail und vor allem mit Rücksicht auf die ganz individuellen Wünsche, Maße und Proportionen. Das hat natürlich seinen Preis: Mit den Kampfpreisen der Hersteller von Stangenware können wir niemals mithalten, und schon oft mussten wir uns anhören, wir wären einfach zu teuer. Bei Maßanfertigung geht es aber nun mal nicht anders – Handarbeit kostet, und die Realisierung ganz individueller Ansprüche auch. Aber: Die Rennerei von Laden zu Laden, bis man etwas Passendes gefunden hat, die kostet auch – und zwar nicht nur Geld, sondern vor allem Nerven. Wir machen deshalb weiter – für die prallen Prinzessinnen dieser Welt!

Mehr Infos:
www.prallewelt.com

Tine Witter.

Von Kleidergrößen,
Schönheitsidealen und
anderen Überflüssigkeiten

Von Kleidergrößen, Schönheitsidealen und anderen Überflüssigkeiten

Modedesigner behaupten immer wieder, dass sehr dünne Models über die Laufstege dieser Welt staksen MÜSSEN, weil Kleider nun einmal NUR an diesen Körpern gut aussähen. Leider, leider ... aber so wäre es nun einmal. Alles nur Business, nicht böse gemeint, so ist die Modewelt, traurig, aber wahr. Aha. So ist das also. Man lernt doch nie aus. Tatsächlich? Wird hier nicht der Gaul von hinten aufgezäumt? Warum sehen diese Kleider an klapperdürren Frauen besser aus? Weil sie für klapperdürre Frauen gemacht wurden. Punkt. Designer haben nicht die Mehrheit der Frauen mit Kurven, Röllchen und Bauchspeck vor Augen, wenn sie vor dem Zeichenbrett sitzen. Sie entwerfen ihre Mode für eine klitzekleine Minderheit, ohne Hüften, ohne Busen, mit flachem Bauch und langen Beinen. Aber später dürfen wir uns dann in den Geschäften in die Resultate dieser kreativen Tätigkeit zwängen, uns unglücklich und frustriert im Spiegel betrachten und uns wundern, warum der neue Trend uns mal wieder nicht steht. Ist ja auch kein Wunder, wir sind eben nicht klapperdürr.

Statistisch gesehen bewegt sich die deutsche Frau nämlich zwischen Kleidergröße 40 und 46. Beim BH ist die am häufigsten gekaufte Größe eine 80 C. Das heißt, wir haben nicht nur Hüften, sondern auch Busen. Warum nehmen das so wenige Modedesigner zur Kenntnis? Allerdings sollen Schaufensterpuppen in Zukunft zunehmen und Größe 38 tragen ... was ja immer noch himmelweit von der Realität der meisten Käuferinnen entfernt ist. Aber wir wollen nicht kleinlich sein, es ist bereits ein Fortschritt.

Die Schummelei mit den Kleidergrößen

Warum orientieren wir uns überhaupt an Kleidergrößen? Denn Standards scheint es nicht zu geben. Jeder Hersteller entscheidet, welche Zahl er in seine Kleider einnäht. Dahinter stehen eher

Marketingüberlegungen als die tatsächlichen Maße der Durchschnittsfrau. Hat die Modelinie eine schlanke Zielgruppe im Visier, muss auch eine 38er-Größe schon mal in eine Hose in Größe 40 schlüpfen ... und sich fragen, ob sie zugelegt hat. Und dann gibt es Firmen – mir persönlich sympathischer –, die nähen in ihre Oberteile in Größe 40 gerne eine 38 ein. Und weil es ja dem Ego so herrlich schmeichelt, heißen diese Maße tatsächlich »Schmeichelgrößen«. Praktisch für die Kundinnen ist das jedoch nicht, denn man kann sich auf nichts mehr verlassen und muss alles tapfer durchprobieren.

Aktuell wird versucht, europaweit einheitliche Größenstandards einzuführen, damit die kleinen Nümmerchen in den Klamotten nicht nur der psychologischen Kriegsführung dienen, sondern auch den Kunden tatsächlich eine Orientierung bieten. So wie es früher einmal gedacht war ... Denn, oh Wunder, deutsche Frauen sind nicht nur praller, sondern auch kurviger, als die Modeindustrie dachte!

Übrigens: Größe 0, die es seit Kurzem in den USA gibt, hat die Figur eines 12-jährigen Mädchens zum Vorbild. Kann das eine ausgewachsene Frau wirklich wollen, schlank hin, mollig her?

Alles ist nicht nur relativ, sondern auch vergänglich

Ein kurzes Wort zu Schönheitsidealen: Das sind tatsächlich Ideale, Inbegriffe der Vollkommenheit und damit nicht nur unerreichbar, sondern auch vergänglich. Zu allen Zeiten waren Schönheitsideale so konzipiert, wie die Mehrheit der Frauen eben gerade NICHT war. Zu Rubens Zeiten, als Nahrungsmittel knapp und damit Luxusgüter waren, recken uns auf seinen Gemälden die Frauen stolz ihren drallen Bauch entgegen. Schlanke Frauen werden damals traurig davor gestanden und sich nichts sehnlicher gewünscht haben, als einige Kilos zuzulegen!

In Filmen der 50er-Jahre verdrehen Frauen mit großer Oberweite und ausladenden Hüften den Männern reihenweise den Kopf. Während die aktuelle Norm laut einer Studie der British Medical Association bei 10 % Untergewicht liegt, hatte Marilyn Monroe eine Kleidergröße von 42. Ich wage zu behaupten, dass Tom Ewell in der wunderbaren Komödie *Das verflixte siebte Jahr* (Sie wissen schon, Marilyn in weißem Kleid über dem U-Bahn-Schacht …) nicht mit erotischen Tagträumen zu kämpfen gehabt hätte, wäre sie eine schmale 36 gewesen. Sexy Frauen mussten in den 50ern kurvig sein und damals war die Mode auch noch für echte Frauenkörper gemacht. Bauch, Po, Hüften und Busen wurden in den Schnitten mitgedacht, damit sie nicht versteckt, sondern besonders schön zur Geltung gebracht wurden. Zu einem Kleid à la Marilyn kann ich heute immer noch jeder prallen Prinzessin raten, auch, wenn sie damit die Lüftungsschächte auf ihrem Weg besser meiden sollte. Andererseits … warum eigentlich nicht?

Sinnlich ist sexy

Nicht die Kleidergröße macht Frauen sexy. Andere Dinge bringen unsere Sinnlichkeit zum Strahlen und machen uns anziehend. Lebensfreude. Humor. Selbstbewusstsein. Wer griesgrämig und schlecht gelaunt durchs Leben geht, wer sich selber (und anderen) streng den Spaß am Leben verbietet, der kann nicht attraktiv sein. Pralle Prinzessinnen stehen zu sich selber. Sie sind mit sich im Reinen und das kommt rüber. Authentisch sein hat nichts mit der Figur zu tun.

Schlechtes Gewissen macht krank

Damit wir uns nicht missverstehen: Ich will Übergewicht nicht schönreden. Wirkliches Übergewicht kann gesundheitliche Konsequenzen haben. Und auch eine pralle Prinzessin achtet auf eine ausgewogene Ernährung, denn die ist im wahrsten Sinne des Wortes lebenswichtig.

Andererseits scheint sich seit einiger Zeit ein Trend breitzumachen, dicken Menschen einzureden, ihre überflüssigen Kilos seien ein Charakterfehler. Da werden schnell Diät und Sport zu moralischen Frage hochstilisiert – eine Ebene, auf die sie nun gar nicht gehören.

Mit einem schlechten Gewissen kann man Menschen aber nicht dauerhaft dazu motivieren, ihr Leben selbst in die Hand zu nehmen, es aktiv zu gestalten. Ein mickeriges Selbst- und ein drückendes Schuldbewusstsein haben noch keinem geholfen abzunehmen. Geschweige denn, glücklich zu sein. Denn nicht nur Übergewicht macht krank, sondern auch Frust und ein schlechtes Gewissen.

Anstatt also das Glück auf morgen zu vertagen (übrigens scheitern 95 % aller Diäten ... und zwar am Jo-Jo-Effekt), schlage ich vor, wir nehmen es gleich selber in die Hand. Also, hören Sie auf, ständig an Ihre Figur zu denken! Konzentrieren Sie sich auf die wichtigen Dinge im Leben. Stehen Sie sich nicht selbst im Weg. Gehen Sie raus, stürzen Sie sich ins Leben! Und seien Sie gut zu sich.

HÜBSCH MACHEN VERBOTEN?

Es gibt zwei gute Gründe, um mit den Glaubenssätzen auf den nächsten zwei Seiten zu brechen:

Sie stimmen nicht
(auch wenn viele daran glauben mögen)

Sie machen keinen Spaß
(denn sie hindern uns daran, uns modisch und schick zu kleiden)

7 Glaubenssätze, von denen Sie sich verabschieden sollten

Glaubenssatz 1:
Mode ist nur etwas für Dünne

Quatsch. Eigentlich. Aber ich muss zugeben, dass wenig an uns pralle Prinzessinnen gedacht wird. Mode wird zumeist den Dünnen auf den Leib geschneidert. Aber darunter gibt es vieles, was sich unseren üppigen Formen sehr gut anpasst (und sogar an unseren Kurven sehr viel besser aussieht). Alle Oberteile und Kleider, die einen schönen (tiefen!) Ausschnitt haben, kommen mit Busen besser zur Geltung. Klassisch geschnittene Hosen sehen mit einem Hintern, an den sie sich anschmiegen können, sexy aus. Wickelkleider brauchen Rundungen, damit der Wickeleffekt optimal zur Geltung kommt. Und dann gibt es da ja noch eine Geheimwaffe: Lassen Sie ändern. Hemmungslos! Machen Sie die Kleider von der Stange weiter, enger, kürzer, länger – so, wie Ihre individuelle Silhouette es verlangt. Wer sagt denn, dass wir alles so akzeptieren müssen, wie es von der Stange kommt?

Glaubenssatz 2:
Schick = unbequem

Unsinn. Warum sollte es sich in einer taillierten Tunika mit V-Ausschnitt und langen Ärmeln (in fröhlichen Farben und Mustern) weniger komfortabel leben als in einem weiten T-Shirt mit Kurzarm und Rundhalsausschnitt (schwarz)? Wichtig ist, dass die Kleidung sitzt. Das heißt, die Taille an der richtigen Stelle, damit sie nicht kneift. Der Ausschnitt nicht zu tief am Dekolleté, damit Sie sich auch bücken können, ohne gleich Ihre drallen Kurven zu präsentieren. Die Armansätze nicht zu hoch, damit Sie auch eine Kiste Bier schleppen können (wenn Sie das denn möchten ... aber weil Sie eine pralle Prinzessin sind, finden Sie sicherlich jemanden, der Ihnen das gerne abnimmt), ohne dass die Nähte reißen. Und die Länge genau so, dass die Problemzonen gut bedeckt sind, auch wenn Sie sich bücken (zum Beispiel, um die Kiste Bier abzustellen).

Glaubenssatz 3:
Schwarz streckt

Stimmt so nicht. Schwarz kann auch einfach massig wirken, wenn es nicht richtig kombiniert wird. Nichts macht dicker als weite Wallegewänder ganz in Schwarz. Die meisten Modelle in großen Größen sind schwarz. Weil Schwarz ja, wie es uns immer wieder eingebläut wurde, streckt. Und das wollen wir doch, nicht wahr, gestreckt werden? Und deswegen schauen uns von den Ständern der großen Größen oft triste Farben entgegen. Ab und an finden sich auch ein paar Kleidungsstücke in sanften Pastelltönen. Vielleicht weil es so weibliche Farben sind, die der Haut schmei-

cheln? Dagegen ist ja eigentlich nichts zu sagen. Wenn Sie weiche, zarte Töne mögen, sollen Sie sich auch darin kleiden. Von Kopf bis Fuß, wenn Sie sich so wohlfühlen! Aber gerade die Kombination von Schwarz und Pastell sieht doch sehr schnell spießig aus. Großmutter lässt schön grüßen ... Was ist mit Brauntönen, Dunkelrot, Lila? Alles dunkle Töne, die ihre Aufgabe brav erfüllen und uns strecken. Und dazu noch prima zu Pastelltönen passen. Greifen Sie nach Farben, die bisher noch nicht in Ihrem Kleiderschrank hängen, und mischen Sie die Karten neu. Hören Sie nicht auf die Modeindustrie, sondern auf Ihr Bauchgefühl. Sie finden, Sie sehen in Knallrot fantastisch aus? Dann her damit!

Glaubenssatz 4: Kaschieren, kaschieren, kaschieren!

Humbug. Paradox, aber wahr: Wenn Sie mehr von sich und Ihren Kurven zeigen, sehen Sie schlanker aus. Es kommt nur darauf an, Ihrer Silhouette die richtige Form in den passenden Proportionen zu geben. Warum mit den Reizen geizen und nicht mit den Pfunden wuchern? Fühlen Sie sich sicherer, wenn Ihre Kleidung Ihre Formen versteckt? Ich sage: Wenn eine Frau einen Rollkragenpullover trägt, um ihre großen Brüste zu kaschieren, dann verschenkt sie damit die Chance, eine ihrer größten Stärken zu betonen: ein schönes Dekolleté. Ich kenne keine Frau, auch keine schlanke, an der ein Rollkragenpullover wirklich vorteilhaft aussieht. Und erst recht keine pralle Prinzessin. Vielleicht gibt es sie irgendwo da draußen und dann würde ich mich über eine Zuschrift freuen. Aber bitte mit Beweisfoto. Denn ich bin nicht einfach zu überzeugen. Wickeltops, Pullover mit V-Ausschnitten, ein tiefer Rundhalsausschnitt – das sind Oberteile, mit denen Sie Ihre Asse auch wirklich ausspielen können. Kaschieren ist eine Kunst, die darin liegt, dass man nicht sieht, dass und was sie kaschieren: Ein Top im Empire-Schnitt, das locker über ihre Rollen am Bauch fällt, oder eine gerade geschnittene Hose, mit den Abnähern an der richtigen Stelle, so dass die Pölsterchen an den Oberschenkeln nicht zu sehen sind. Erst dann ergibt Kaschieren Sinn.

Glaubenssatz 5: Je weiter, desto besser

Mumpitz! Auf die Proportionen kommt es an. Gerade dralle Frauen können ihrer Silhouette mit auf Körper geschnittener Kleidung Form geben. Ich meine damit nicht, dass Sie sich in enge Lycrakleider oder noch engere T-Shirts pressen sollen. Aber sackartige Shirts und schlabberige Hosen machen Sie unförmig. Und damit dicker, als Sie sind.

Glaubenssatz 6:
Je länger, desto besser

Noch größerer Blödsinn. Wichtig ist, dass Oberteile und Jacken genau da enden, wo Ihre Schwächen aufhören und Ihre Stärken beginnen. Ein Blazer sollte über den Bauch gehen – wenn Sie welchen haben), aber viel vom Po zeigen – wenn er zeigenswert ist. Eine taillierte Bluse kann ruhig bei der Hüfte aufhören, wenn es zur Hose oder zum Rock passt und die Proportionen stimmen. Hören Sie auf, sich verstecken zu wollen. Lernen Sie, Ihre Stärken auszuspielen!

Glaubenssatz 7:
Bloß nicht auffallen!

Im Gegenteil! Entwickeln Sie Ihren eigenen Stil! Ich persönlich mag's ja bunt. Je farbenfroher, desto besser. Dafür bin ich bekannt, das ist mein Markenzeichen. Abends trage ich dann grundsätzlich gedeckte Farben und am allerliebsten dramatisches Schwarz. Aber nicht sackig, sondern sexy! Bunt und knallig, das ist sicher nicht unbedingt etwas für jederfrau. Aber jede Frau sollte ihren eigenen Stil finden, ihr persönliches Markenzeichen. Vielleicht mögen Sie Schmuck? Dann sammeln Sie schöne (und auffällige!) Ketten, mit denen Sie auch schlichte Pullover und Blusen im Nu aufpeppen können. Sie lieben Schuhe? Dann suchen Sie nach ausgefallenen Modellen, nach denen sich alle umschauen werden. Sie tragen besonders gerne Rot? Spielen Sie mit allen Schattierungen dieser Farbe und werden Sie zur Lady in Red. Zeigen Sie Ihre Persönlichkeit, verstecken Sie sie nicht!

Einkaufen –
Ihr Survivalguide

Einkaufen – Ihr Survivalguide

**DIE PRALLE PRINZESSIN
AUF SHOPPINGTOUR IST**

Selbstbewusst
(Wer viel hat, kann auch viel verlangen)

Organisiert
(Nie das Ziel aus den Augen verlieren)

Hartnäckig
(Wo Kurven sind, ist auch ein Wille)

Anspruchsvoll
(Wenn die Erbse stört,
ist die Prinzessin nicht zufrieden)

Geduldig
(Ich habe Zeit! Sie auch?)

Wenn Sie eine Frau mit üppigen Kurven sind, dann ist Shopping kein Vergnügen für Sie. Kann es auch gar nicht sein. Die Gänge sind zu eng, die Kabinen sind zu klein, das Licht zu grell, die Hitze meistens unerträglich und natürlich das Allerwichtigste: Mode, die für Ihre Kurven gemacht wurde, ist schwer zu finden. Doch es gibt sie, glauben Sie mir, Sie müssen nur hartnäckig danach suchen. Und noch hartnäckiger danach fragen.

Verkäuferinnen sind dabei leider sehr selten eine Hilfe. Fragen Sie mich nicht, warum Kundinnen mit dem festen Willen, Geld auszugeben, oft so mitleidig behandelt werden, nur weil sie nach großen Größen fragen. Ist es mittlerweile in Deutschland eine Schande, Ware tatsächlich zu verkaufen, statt sie nur in den Regalen zu stapeln? Lieber wühlt die üppig mit Kurven ausgestattete Frau selber in den Stapeln, als sich gegenüber einer abschätzig dreinschauenden 36 mit der eigenen Konfektionsgröße zu outen. Und wer einmal versucht hat, einer gefalteten Jeans im Stapel den Schnitt an den Augen abzulesen, weiß, wie blödsinnig es ist, freiwillig auf die Beratung der Verkäuferin zu verzichten. Vorausgesetzt natürlich, sie ist kompetent.

Lassen Sie sich nicht ins Bockshorn jagen! Frauen mit Idealgröße gibt es kaum noch da draußen. Wir sind in der Überzahl! Jeder Laden, der Umsatz machen will, muss sich mit uns auseinandersetzen, auch mit Ihnen. Sie stehen da, mit Geld in der Tasche, und Sie würden nichts lieber tun, als es auszugeben? Dann tun Sie es auch!

Seien Sie selbstbewusst

Sie wissen, was Ihnen steht. Und – vielleicht noch wichtiger – was Ihnen nicht steht! Wenn Sie dieses Buch gelesen haben, werden Sie es wissen. Theoretisch. Natürlich müssen Sie vieles auch für sich selber herausfinden, denn der liebe Gott hat uns nun mal nicht nach einer einzigen Schablone für große Größen gemacht. Auch XXL-Frauen haben nicht alle die gleiche Figur! Nehmen Sie

sich Zeit, Ihren ganz persönlichen Stil zu finden. Und bleiben Sie dabei. Laufen Sie nicht jedem Trend hinterher. Wenn Sie klein und rundlich sind, dicke Hüften und keine Taille haben, dann stehen Ihnen keine superweiten Marlenehosen. Und auch wenn Ihnen aus allen Schaufenstern gertenschlanke Models in Schlaghosen entgegenstrahlen, an Ihnen werden sie trotzdem nicht gut aussehen. Tiefgeschnittene Hüfthosen sind ebenfalls nicht jedermanns Sache, auch wenn die Ständer damit vollhängen. Nicht nur dass der Bauchspeck sich über dem Bund rollt, nein, die ganze Welt wird auch Ihre Unterwäsche bewundern dürfen, sobald Sie sich setzen (vorausgesetzt, da gibt es etwas zu bewundern, aber das ist eine andere Geschichte …). Seien Sie so selbstbewusst und stehen Sie zu Ihrem Stil. Wenn Ihnen morgen eine freundliche Verkäuferin einen Minirock andrehen will, hören Sie nicht hin. Suchen Sie weiter nach den knielangen Röcken, die Ihnen so gut stehen.

Seien Sie organisiert

Gehen Sie das Kleidershopping strategisch an. Das spart nicht nur Zeit, sondern vor allem Geld. Kaufen Sie gezielt ein Teil für ein bestimmtes Outfit. Ziehen Sie die Hose, den Rock, den Blazer an, der zu dem gesuchten Oberteil passen soll, um noch in der Umkleidekabine feststellen zu können, ob alles zueinander passt. Stimmen die Proportionen? Ist die Bluse lang genug oder blitzt die Bauchfalte? Ist der Ausschnitt zu tief, zu hoch, zu rund, zu spitz? Harmonieren die Farben? So vermeiden Sie, dass Sie später unglücklich vor dem berühmten Fehlkauf stehen, der sich mit keinem Ihrer Outfits so richtig vertragen will.

Eine gute Möglichkeit für planvolles Kaufen ist der Versandhandel. Hier können Sie sich alles in verschiedenen Größen und Schnitten nach Hause bestellen. Sie können alles in vertrauter Umgebung anprobieren und testen, wie es sich mit Ihrer übrigen Garderobe verträgt. Und Sie können sich Zeit lassen, keiner drängt, drängelt oder bequatscht Sie. Ein Traum!

Bevor Sie sich zum Kauf entschließen, ziehen Sie den Vorhang der Umkleidekabine zu, atmen Sie tief durch und fragen Sie sich noch einmal in aller Ruhe, ob das begehrte Teil tatsächlich zu IHNEN passt. Oder ob Sie nicht eher ein Bild von einer anderen im Kopf haben, die es trägt und an der es toll aussieht – die Freundin, die Verkäuferin, ein Model in einem Magazin oder einfach eine Passantin auf der Straße?

Seien Sie hartnäckig

Wer den Mund nicht aufmacht, dem kann nicht geholfen werden. Fragen Sie nach den Schnitten, die Ihnen stehen: Empirekleider, Wickeltops, Röcke in A-Linie. Gefällt Ihnen ein Modell, fragen Sie nach Ihrer Größe. Lassen Sie sich nicht abwimmeln. Äußern Sie offen Ihr Bedauern, wenn es nicht so ist. Schließlich hätten Sie Ihr Geld gerne in diesem Laden gelassen. Wenn wir dies alle nur oft genug tun, spricht es sich bis zu den Modemachern herum, dass auch runde Frauen Spaß an Mode haben. Vielleicht bin ich zu optimistisch. Vielleicht aber auch nicht.

Seien Sie anspruchsvoll

Sie verdienen das Beste. Nicht das Zweitbeste. Kennen Sie den Werbespot, in dem ein Mann mit einer hübschen Frau (selbstverständlich Konfektionsgröße 36) in einem feinen Restaurant bei Kerzenschein am Tisch sitzt und beim Kellner folgende Bestellung aufgibt: »Ich hätte gerne den zweitbesten Champagner, den Sie haben«? Die Jacke muss passen, die Jeans knackig sitzen. Nicht so ungefähr, sondern genau.

Entwickeln Sie ein Auge dafür, was Ihnen steht. Schauen Sie hin, wenn Sie vor dem Spiegel stehen. Und ich meine, schauen Sie wirklich hin! Seien Sie ehrlich zu sich selbst! Wenn nicht jetzt, wann dann? Wo trägt das T-Shirt auf, wo kneift die Hose? Zeichnet sich die Unterhose ab? Quillt der Bauchspeck über? Dann kaufen Sie nicht! Es sei denn, es handelt sich um eine Kleinigkeit, die durch eine Änderung schnell behoben ist. Aber dazu später mehr (siehe Seite 50ff).

Seien Sie geduldig

Gehen Sie keine Kompromisse ein. Wenn Sie sich gerade aus der hundertsten Jeans herauspellen, fangen Sie nicht an zu überlegen, dass Nummer 20 doch

Jeanskauf ist eine Kunst für sich. Für jede Frau, nicht nur für pralle Prinzessinnen. Haben Sie eine Form gefunden, die Ihnen passt, kaufen Sie gleich mehrere. In diesem Fall rate ich zu Hamsterkäufen!

gar nicht soooo schlecht saß. Was sitzt, das sitzt, und das sieht man auf den ersten Blick. Man muss nicht überlegen. Das hat vor allem etwas mit Selbstbewusstsein zu tun. Diesen Anspruch müssen Sie haben, an sich, an die Verkäuferin, an die Modeindustrie. Das sind Sie sich wert!

Schauen Sie genau hin! In der Umkleidekabine schlägt die Stunde der Wahrheit.

Setzen Sie auf Qualität statt auf Quantität. Ich weiß, das klingt abgedroschen. Aber es ist wahr. Mit einigen gut geschnittenen Stücken, die wirklich sitzen und lange halten, fahren Sie besser (und insgesamt preiswerter …), als wenn Sie sich jede Saison eine neue Garderobe zulegen. Und ein psychologischer Trick ist auch dabei: Wenn Sie langfristig denken, sind Sie weniger bereit, Kompromisse einzugehen, als wenn Sie von vornherein wissen, dass sie das Stück ohnehin nur eine kurze Zeit werden tragen müssen.

Checklisten für den Einkauf

Unterwäsche

BH

Kennen Sie Ihre Größe?

Haben Sie kürzlich einmal nachgemessen? Wenn nicht, gehen Sie in ein Fachgeschäft und holen Sie es schleunigst nach.

Schneiden die Riemchen ein?

Stimmt die Körbchengröße nicht nur auf dem Etikett, sondern auch am Busen?

Sitzt der BH am Rücken waagerecht und rutscht nicht nach oben?

Heben Sie die Arme über den Kopf. Bleiben die Körbchen an ihren Plätzen?

Haben Sie den T-Shirt-Test (siehe Seite 67) gemacht?

HOSE

Schneidet der Bund im Bauch ein?

Sind die Pobacken gut verpackt?

Bekommen sie den richtigen Halt?

Trägt der Slip unter Ihren Hosen, Röcken, Kleidern auf?

Setzen Sie sich. Laufen Sie herum. Sitzt der Slip immer noch an seinem Platz?

Oberteile

DIE SCHULTERN
Sitzen die Nähte richtig?
Hängen die Schulterpolster?

ÄRMEL
Ist die Länge vorteilhaft für Ihre Figur (¾-Ärmel lenken die Aufmerksamkeit auf Taille und Bauch ...)? Schneiden die Säume ins Fleisch? Sind die Ärmel lang genug?

DER AUSSCHNITT
Ist der Schnitt das, was Sie gesucht haben? Können Sie sich frei bewegen, ohne ungewollt Einblick auf Ihr Dekolleté zu gewähren?

TAILLE
Sitzt die Taille an der richtigen Stelle (Empire an der Unterbrust, Taille wirklich auf der Taille und nicht am Brustkasten)?

BAUCH
Ist das Oberteil lang genug oder blitzt der Bauchspeck?

Zeichnet sich der Bauch ab, ist es also zu eng?

HÜFTE
Zeichnen sich Rollen ab?

RÜCKEN
Zeichnen sich die Träger vom BH ab, ist der Stoff also zu weich (oder der BH zu eng ...)?

FARBE
Verträgt sich die Farbe mit Ihrer Hautfarbe? Können Sie die Farbe vielseitig kombinieren?

Hosen

BUND
Sitzt er dort, wo er sitzen soll?

RÜCKEN
Können Sie sich bücken, ohne dass Ihre Pobacken zu sehen sind?

PO
Zeichnet sich die Unterhose ab? Fällt der Stoff locker oder kriecht er in sämtliche Ritzen?

OBERSCHENKEL
Trägt die Hose am Oberschenkel auf? Fällt sie locker oder klebt sie an den Satteltaschen?

46

BEINWEITE

Passt die Beinweite zu Ihrer Figur?

LÄNGE

Ist die Hose lang genug, um sie auch mit Absatz tragen zu können?

SCHNITT

Ist es auch wirklich der Schnitt, den Sie gesucht haben – und der zu Ihrer Figur passt?

Röcke

BUND

Sitzt der Bund auf der richtigen Höhe?

HÜFTE

Stimmt das Verhältnis Taille-Hüfte – ist der Bund nicht zu weit, während die Hüfte sitzt, oder umgekehrt?

PO

Hat der Schnitt den Po mit eingerechnet? Zeichnet sich die Unterwäsche ab?

LÄNGE

Stimmt die Länge?

FARBE/MUSTER

Ist die Farbe/das Muster auch wirklich vorteilhaft für Sie? Können Sie kombinieren?

Kleider

SCHULTERN

Sitzen die Nähte an ihren Plätzen, nicht zu weit und nicht zu eng?

AUSSCHNITT

Ist der Ausschnitt vorteilhaft? Kommt Ihr Dekolleté gut zur Geltung?

ÄRMEL

Können Sie ärmellos tragen? Wirklich? Wirklich, wirklich? Passt ein BH darunter, sind die Träger also breit genug? Sind die Ärmel lang genug?

TAILLE

Sitzt die Taille auf der richtigen Höhe?

BAUCH

Spannt der Stoff über dem Bauch? Fällt er locker darüber? Lässt er sich raffen oder fälteln, um Bauch zu kaschieren?

PO

Hat der Schnitt den Po mit eingerechnet, damit die Rückseite nicht plötzlich kürzer als die Vorderseite ist? Zeichnet sich die Unterwäsche ab?

LÄNGE

Ist das Kleid lang genug? Vergessen Sie auf keinen Fall, sich auch von der Seite und von hinten zu betrachten!

SCHNITT

Sitzt das Kleid, nicht zu locker, nicht zu eng? Bewegen Sie sich darin: Fühlen Sie sich wohl und entspannt?

Jacken und Blazer

SCHULTERN

Sind die Schulterpolster dezent genug? Hängen die Schultern?

AUFSCHLÄGE

Sind die Aufschläge in der richtigen Größe für Ihre Figur?

AUSSCHNITT

Sitzt er tief/hoch genug, damit das Dekolleté gut zur Geltung kommt?

ÄRMEL

Sind die Ärmel lang genug?
Sind sie nicht zu weit?

RÜCKEN

Wirft der Rücken Falten, z. B. an den Ärmelansätzen?

TAILLE

Sitzt die Taille auf der richtigen Höhe?

BAUCH

Spannt die Jacke über dem Bauch? Knöpfen Sie die Jacke zu! Schließt die Jacke über dem Bauch? Spannt nichts? Zeichnen sich Rollen über den Hüften ab?

LÄNGE

Hat der Blazer die richtige Länge für Ihre Figur? Endet er wirklich auf der Hüfte/auf Pohöhe/über dem Bauch etc.?

SCHNITT

Sitzt die Jacke locker genug, damit Sie einen Pullover/eine Bluse darunter tragen können? Oder sitzt der Blazer eng genug, dass Sie nur einen BH darunter tragen können? (Achtung bei tiefen Ausschnitten und Ein-Knopf-Modellen!)

Was nicht passt,
wird passend gemacht

Was nicht passt, wird passend gemacht

In meiner Modelinie *prallewelt.com* gehen wir auf jede Körperform ganz individuell ein. Das ist das A und O. Der Stil ist sehr weiblich und ein bisschen verführerisch, verspielt-romantisch bis divenhaft-dramatisch; aber trotzdem unkompliziert. Wir arbeiten grundsätzlich mit langen Ärmeln, weil wir davon überzeugt sind, dass das bei großen Größen einfach vorteilhafter ist (wobei man auf Wunsch auch kürzere Ärmel erhalten kann).

Details wie Bindungen, Paspelierungen, raffinierte Applikationen schaffen spannende Kontraste und machen das Ganze sehr individuell und hochwertig. Ebenso grundsätzlich arbeiten wir IMMER mit Abnähern. Erst diese geben in der Regel die Passform, die der einzelnen Kundin dann wirklich schmeichelt!

Ähnlich können Sie auch mit Stangenware verfahren. Optimieren Sie die Passform mit professioneller Hilfe. Wir zeigen im Folgenden, worauf zu achten ist.

Irgendwas ist immer – was geht und was geht nicht

Leider sind Schnitte und Details, die vorteilhaft für Kurven und Rundungen sind, selten in modischen Kollektionen. Aber mit dem nötigen Einfallsreichtum (und mit wachsender Routine) werden Sie erkennen, welches Modell von der Stange man wo und wie ändern kann, so dass es zu IHREM Modell wird.

Denn nobody is perfect – dieses lakonische Motto passt nicht nur auf Menschen, ob schlank, dick, groß, klein, Mann oder Frau, sondern leider auch auf viele Kleidungsstücke, die uns gefallen. Auf dem Kleiderbügel hat das begehrte Teil noch perfekt ausgesehen – richtige Größe, schöner Schnitt, atemberaubender Ausschnitt und die kleinen, verspielten Details, nach denen wir schon so lange suchen ... wir haben uns verliebt! Dann drehen und wenden wir uns vor dem Spiegel. Nicht schlecht. Gar nicht schlecht. Und dann meldet sich die Stimme der Vernunft: Eigentlich sitzt es nicht wirklich ... perfekt. Die Schulterpolster sind zu dick, der Ausschnitt zu tief und der Stoff spannt über der Brust. Na ja, wenigstens an der Unterbrust sitzt es richtig und der Bauch wird auch schön kaschiert. Schließlich kaufen Sie es, weil es immer noch besser als alles andere war, was Sie auf Ihrem Einkaufsmarathon anprobiert haben. Oder – wenn Sie wirklich sehr vernünftig sind ... – Sie hängen es wieder weg und verlassen den Laden unverrichteter Dinge. Vernünftig, aber frustriert.

Irgendetwas ist immer. Aber mit vielen kleinen Tricks und Kniffen kann man passend machen, was noch nicht passt. Damit es perfekt sitzt, und zwar an Ihnen und Ihrer ganz individuellen Figur.

Gut sitzende BHs sind für pralle Prinzessinnen schwer zu finden. Es soll Frauen geben, die ziehen jahrelang ein einziges graugewaschenes Modell an, und zwar aus einem einfachen Grund: Es passt. Und ein zweites ist nicht zu finden. Sie sehen, Sie sind nicht allein mit Ihrem Problem. Entweder sitzt das Körbchen, dann ist die Unterbrust zu eng und das Gummi schneidet unschön – und schmerzhaft! – ein. Oder die Unterbrust passt und das Körbchen ist zu groß, wirft Falten oder steht ab von der Brust wie ein Reifrock. Meine Lösung: Kaufen Sie immer ein Modell, dessen Körbchen perfekt sitzen. Dann erweitern Sie die Unterbrust, indem Sie in den Rücken ein breites, elastisches Unterband einnähen. Dann sitzt alles wieder so, wie es soll!

OBERTEILE

Sind die Ärmel zu kurz, nähen Sie einfach ein Stück an! Ein passender Stoff, gerne auch bunt oder mit Muster, gibt einem klassischen, einfarbigen Oberteil noch ein bisschen Pep und macht es zu einem Unikat. Dabei müssen die Materialien nicht die gleichen sein. An einen rauen, groben Stoff passt oft eine feine Viskose, oder an eine matte Baumwolle ein glänzender Seidenstoff. Probieren Sie ruhig einmal locker fallende Volants oder weite Trompetenärmel aus. Gerade prallen Prinzessinnen stehen diese Spielereien oft sehr gut!

Achten Sie darauf, dass ein Oberteil immer an der üppigsten Kurve Ihres Oberkörpers perfekt sitzt. Bei den meisten von uns wird das wohl die Brust sein ... Oft ist die Unterbrust dann zu weit und das Oberteil hängt wie ein Sack. Mit ein paar wenigen Handgriffen und gezielt gesetzten Abnähern ist es wieder auf Figur geschnitten. Lassen Sie sich ruhig helfen – entweder von einer Freundin, die mit Nadel und Faden umgehen kann, oder von einer professionellen Schneiderin. Wichtig ist nämlich, dass die Proportionen weiterhin stimmen, und hat man sich einmal im Stoff verschnitten, ist es nicht wieder rückgängig zu machen.

LÄNGE

Kürzungen sind an der Tagesordnung bei großen Größen, da die meisten Modedesigner der Überzeugung sind, dass üppige Frauen Po und Hüften bedecken sollten. Das stimmt aber nicht immer. Finden Sie heraus, welche Länge für Sie die richtige ist, und kürzen Sie gnadenlos. Weg mit dem überflüssigen Stoff! Machen Sie eine Razzia in Ihrem Kleiderschrank und tragen Sie alles, was zu lang ist, zum Schneider. Immer vorausgesetzt, dass es der Schnitt des Kleidungsstücks zulässt. Für wenig Geld kommen Sie so zu einer neuen Garderobe!

BLAZER

Von dicken Schulterpolstern rate ich den meisten Frauen mit großer Oberweite wärmstens ab. Damit sehen Sie nämlich schnell wie ein Preisboxer aus. Wenn Sie aber einen Blazer oder eine Jacke mit Schulterpolstern gefunden haben, die an der Brust perfekt sitzt, dann schlagen Sie zu. Die Schulterpolster kann man durch kleinere ersetzen und die Schultern schmaler machen. Und an der Taille können die meisten Blazer ebenfalls enger gemacht werden, damit der Stoff nicht ab der Unterbrust unschön hängt, sondern vorteilhaft auf Figur geschnitten ist. Das mag ein wenig kostspielig sein, lohnt sich aber, denn mit einem gut sitzenden Blazer können Sie viele Outfits schnell und unkompliziert aufpeppen.

ABNÄHER

Denken Sie daran, dass sich schlecht oder zu weit sitzende Kleider und Oberteile (selbst Hosen!) mit Abnähern auf Form bringen lassen! Die bewirken oft ganz, ganz viel und sind – gerade von einem Profi – wirklich schnell gemacht. Und so finden Sie heraus, ob Abnäher angebracht sind: Nehmen Sie eine Stecknadel, stecken Sie an den kritischen Stellen ein wenig Stoff zusammen oder raffen Sie den Stoff und prüfen Sie dann, ob das der Optik hilft oder nicht. Falls ja: ab zum Schneider!

So finden Sie
Ihren persönlichen Stil

So finden Sie Ihren persönlichen Stil

Um sich wohl in Ihrem Körper zu fühlen und gut auszusehen, müssen Sie nicht den Umweg über quälende Diäten nehmen. Auch wenn es das ist, was uns gerade aus allen Medien entgegendröhnt: Abnehmen, Sport machen, Fett absaugen ... Gebetsmühlenartig wird uns eingebläut, wenn du unglücklich bist, tu was für deinen Körper, nimm ab. Quäle dich, stähle dich, sei diszipliniert. Erst dann wirst du dich auch wieder gut fühlen. Warum aber warten, respektive schwitzen? Warum fühlen wir uns nicht gleich gut? Warum sollten wir uns überhaupt schlecht fühlen, weil wir einige Rundungen mehr am Körper haben als die durchschnittliche Moderatorin im deutschen Fernsehen? Es geht ja auch anders, ich bin das beste Beispiel!

Es geht nämlich auch einfacher: Sie können Ihr Aussehen allein dadurch verändern, dass Sie verstehen lernen, wie Sie Ihre Vorzüge besser zur Geltung bringen und Ihre Schwächen kaschieren. Denn Schwächen haben wir alle, ob schlank, ob mollig. Den perfekten Körper gibt es nicht, nur den, mit dem Sie durchs tägliche Leben laufen. Und den gilt es gut aussehen zu lassen.

Eines ist allerdings sicher: Ohne Ihre Vorzüge und Schwächen zu kennen, werden Sie sie kaum zur Geltung bringen, geschweige denn kaschieren können. Also ... und hier wird's jetzt doch wieder ein wenig unangenehm ... ran an den Speck! Machen Sie eine ehrliche und schonungslose Bestandsaufnahme. Stellen Sie sich vor einen Spiegel – Ganzkörper! –, und zwar wie Gott Sie schuf. Betrachten Sie sich. Von vorne, von beiden Seiten und – so schwer es auch fallen mag – von hinten. Nehmen Sie sich

Zeit. Achten Sie auf die richtige Beleuchtung, damit Sie auch wirklich **ALLES** sehen. Nicht nur einmal, sondern eine Woche lang morgens und abends.

Warum? Morgens werden Sie Ihre Vorzüge am besten entdecken können, denn dann fühlen wir uns alle schlanker und offen für das, was wir an uns mögen. Auch wenn es zuerst vielleicht nur wenige Punkte sind, sind wir morgens doch gnädiger mit uns selber. Abends allerdings, müde und abgekämpft vom Tag, springen uns gnadenlos unsere Schwächen ins Auge. Merkwürdigerweise fühlen wir uns dicker als noch am Morgen. Und bei der ein oder anderen kommt zu späterer Stunde der Verdacht auf, entgegen allen wissenschaftlichen Erkenntnissen könne der weibliche Körper an einem Tag fünf Kilo zunehmen …

Diese Übung ist weiß Gott nicht einfach. Aber sie ist notwendig. Wir alle kämpfen mit Unsicherheiten, die wir über die Jahre gepflegt haben, so dass wir sie nun einfach als gegeben hinnehmen. Wir schauen weg, nicht hin. Unser Körper verändert sich nämlich im Laufe seines Lebens. Durch Ernährungsgewohnheiten, Stress, Mangel an Sport, Schwangerschaft, Menopause. Und ganz einfach dadurch, dass wir älter werden. Dem entkommt niemand. Aber unsere Gewohnheiten im Kleidungskauf ändern sich oftmals nicht mit unserem Körper. Wir kaufen ein, als wären wir immer noch Anfang zwanzig, schlank, mit Taille und straffem Busen. Deswegen kaufen wir Kleidung, die nicht sitzt.

Oder zumindest an den falschen Stellen. Ohne ehrlich und offen hinzuschauen, werden Sie die vielen guten Tipps in diesem Buch nicht anwenden können. Und das wiederum wäre schade. Ein klassischer Fall von: Da müssen Sie durch.

Eines ist sicher: Wir alle haben ein verzerrtes Bild von uns selbst. Unser Körperbild wird ganz entscheidend von unserer individuellen Wahrnehmung und unserer unmittelbaren Umgebung geprägt. Wir nehmen ganz einfach keine

unbestechlichen, objektiven Informationen über unsere wahren Körpermaße auf, sondern machen an unserer unmittelbaren Umgebung fest, wie dick oder schlank wir uns fühlen. Und wenn ich »unmittelbar« sage, meine ich tatsächlich den engeren oder weiteren Hosenbund, die kneifende Pofalte oder die zu kurzen Ärmel. Ein Grund mehr, sich nicht in zu enge und unbequeme Kleidung zu pressen ...

Seien Sie ehrlich zu selbst: Wie lange ist es her, dass Sie sich einmal in Ihrer vollen Pracht und von allen Seiten betrachtet haben? Dass Sie nicht sofort

das Handtuch um die Hüften geschlungen haben oder in den Bademantel geschlüpft sind, sobald Sie aus der Dusche kamen? Wissen Sie eigentlich, wie Sie aussehen? Ob Ihr Hintern ein Apfel oder eine Birne ist? Ob Sie Reiterhosen haben? Ob Ihr Bauch tatsächlich so hervorsteht, wie Sie immer vermuten? Es kann Ihnen möglicherweise helfen, wenn Sie diese Bestandsaufnahme mit einer guten Freundin zusammen machen. Der direkte Vergleich kann Ihnen helfen, sich selber besser einzuordnen. Jetzt ist es an der Zeit, den Tatsachen ins Auge zu sehen.

Was für ein Typ sind Sie?

Zuallererst stellen Sie fest, wo Ihr Körperschwerpunkt liegt. Reden wir Klartext: Wenn Sie große Brüste, dicke Arme, einen Bauch und einen kurzen Hals haben und Sie um Ihre schönen Beine und den knackigen Po beneidet werden, liegt er oben. Wenn Sie kurze Beine und ein Hinterteil haben, das niemand übersehen wird, Ihr Rücken aber lang, Ihr Bauch flacher, die Brüste kleiner und die Arme wohlgeformt sind, dann liegt er unten. Wenn der Schwerpunkt oben liegt, muss da getrickst werden, wenn er unten liegt, muss dort gestreckt werden. Ein wichtiger Punkt also für die Zusammenstellung unseres individuellen Outfits.

Allerdings gibt es dann immer noch die Frauen, bei denen der Schwerpunkt nicht so einfach zu ermitteln ist, die sowohl oben als auch unten viel zu bieten haben. Um die Sache einfacher zu machen, orientieren wir uns an vier Grundtypen: A, Y, X und O.

Typ A hat schmale Schultern
und breite Hüften.

Typ Y hat viel Oberweite, einen
schmalen Unterbau und schöne
Beine.

Typ X hat oben und unten viel
zu bieten, aber eine schöne Taille.

Und Typ O ist oben rund
und unten rund.

Lassen Sie sich auch hier wieder von einer guten Freundin helfen. Aber seien Sie nicht zu empfindlich, sondern schlucken Sie auch bittere Pillen tapfer. Sonst kann es sein, dass Sie bald eine Freundin weniger haben. Und lassen Sie sich um Himmels willen nicht von einem Familienmitglied helfen. Ehemänner und Lebenspartner eingeschlossen. Aus dem gleichen Grund.

STELLEN SIE SICH FOLGENDE FRAGEN UND ANTWORTEN SIE EHRLICH:

Ist Ihr Hals kurz oder lang?

Haben Sie wenig oder viel Oberweite?

Sind Ihre Arme kurz oder lang?

Sind Ihre Arme mollig oder schlank?

Haben Sie Taille? Oder hat sie sich vorübergehend verabschiedet?

In welchem Verhältnis steht Ihr Po zum übrigen Körper? Ist er eher groß oder klein?

Sind Ihre Beine kurz oder lang?

Sind Ihre Beine mollig oder schlank?

Sind Ihre Knöchel zart oder kräftig?

So sehen
pralle Prinzessinnen
gut aus

So sehen pralle Prinzessinnen gut aus

Wenn Sie Ihren Typ gefunden haben, können Sie sich nun mit den einzelnen Themen beschäftigen. Blättern Sie ruhig immer mal wieder zurück, um sich die wichtigsten Punkte noch einmal vor Augen zu führen. Nicht dass ich Ihnen misstrauen würde ... aber wir alle wissen doch, wie leicht wir uns in die Tasche schummeln.

Seien Sie vorgewarnt: Ich werde Ihnen nicht nur vorführen, wie es sein sollte, sondern auch, wie es NICHT sein sollte. So werden Sie mit einem Blick sehen, was Ihnen steht und was nicht.

Stellen Sie sich beim Lesen gleich eine kleine Liste zusammen, auf der Sie die Grundregeln Ihrer neuen Garderobe zusammenfassen. Mit dieser Liste in der Hand (oder praktischerweise im Kopf, denn Sie werden beide Hände brauchen ...) misten Sie Ihren Kleiderschrank aus und sortieren neu. Und bei Ihrer nächsten Shoppingtour werden die Regeln ebenfalls mit von der Partie sein.

Unterwäsche

Man munkelt, dass 70 % der Frauen die falsche BH-Größe tragen. Und wenn ich mir manchmal so anschaue, was sich unter den Oberteilen abzeichnet, bin ich davon überzeugt, dass man zu Recht munkelt. Dabei ist eine passende, gut sitzende und schicke Unterwäsche das A und O eines Outfits! Ohne sie kann auch das knackigste Oberteil, die bestgeschnittene Hose nicht richtig sitzen. Auf der anderen Seite bringt der richtige BH ein schönes Dekolleté doch erst richtig zur Geltung!

Warum investieren so wenige Frauen in gute Unterwäsche, sondern kramen lieber jeden Morgen die alten, ausgewaschenen, formlosen Slips und zwickenden und rutschenden BHs aus dem Schrank? Das ist weder schön noch bequem. Und beides ist wichtig, damit wir uns wie pralle Prinzessinnen fühlen.

Unterwäsche ist teuer, und wenn man den Preis pro Quadratzentimeter ausrechnet, kann es einen schon mal aus den Schuhen hauen. Warum soll ich also Unsummen in Kleidungsstücke investieren, die ohnehin nur wenige zu sehen bekommen? Und genau da liegt das Problem. Unterwäsche sieht man. Und vor allem schlecht sitzende Unterwäsche. Einschneidende BH-Träger zeichnen sich unter einem T-Shirt ab. Das Dekolleté hängt, weil die Körbchen den Halt nicht da geben, wo er nötig ist. Ein Slip, der Ihnen langsam in die Pofalte kriecht, teilt jede Pobacke noch einmal in zwei Hälften, verdoppelt sie also sozusagen. Cellulite zeichnet sich unter der leichten Sommerhose ab, weil der weiche Stoff des Slips nichts abdeckt. Und so weiter, und so weiter ... die Liste ist endlos.

Form und Halt sind die Zauberworte beim Kauf von Unterwäsche, je praller die Prinzessin, desto mehr.

Daher mein nachdrückliches Plädoyer an dieser Stelle: Investieren Sie in hochwertige Unterwäsche! Machen Sie sich die Mühe und suchen Sie die für Sie optimale BH- und Slipform!

Laufen Sie nicht mit gesenktem Blick durch die Wäscheabteilungen großer Kaufhäuser, um dann blind nach den erstbesten Modellen zu greifen. Lassen Sie sich beraten!

Fallen Sie nicht auf Trends herein! Ein knappes Bustier mag ja für vorpubertäre Mädchen passend sein, ist aber alles andere als geeignet, um den Brüsten eines ausgewachsenen weiblichen Wesens Form und Halt zu geben.

DIE BRUST

Eine **GROSSE OBERWEITE** können viele von uns prallen Prinzessinnen vorweisen, und zwar Typ Y, Typ X und Typ O.

Achten Sie auf die richtige Größe beim BH-Kauf!

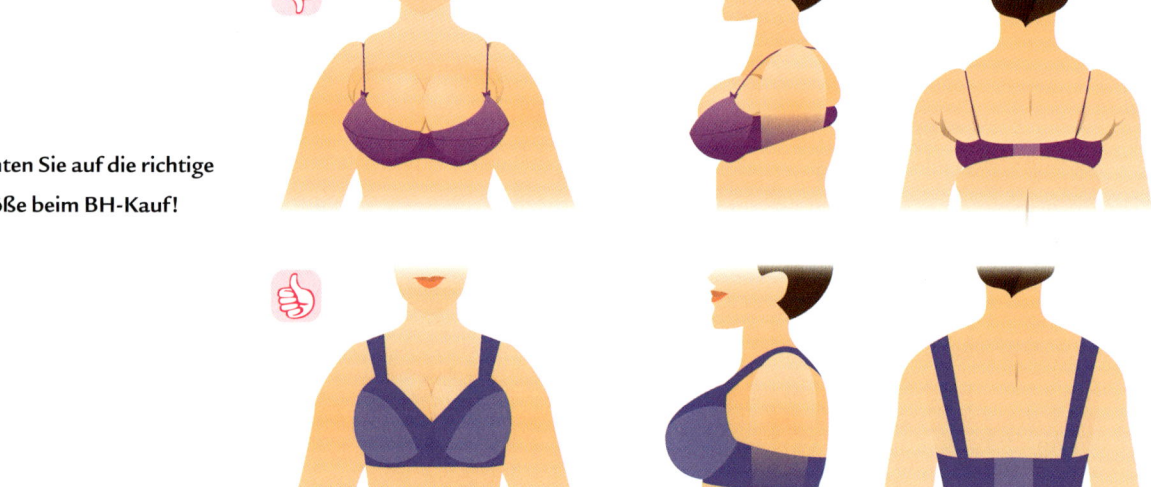

Ein üppiger Busen braucht guten Halt. Bügel-BHs mit unterstützender Wirkung wirken der Schwerkraft entgegen.

Ein gut sitzender BH ist für jede Frau das wichtigste Kleidungsstück in ihrem Schrank. Investieren Sie ruhig ein wenig Geld, es lohnt sich, denn alle Ihre Oberteile werden besser zur Geltung kommen! Wenn Sie nur wenige BHs besitzen, verzichten Sie zunächst auf Spitze und andere Spielereien und achten Sie darauf, dass der Stoff neutral ist, damit der BH vielseitig einzusetzen ist.

Die meisten Frauen tragen eine falsche BH-Größe. Entweder sitzt das Körbchen zu eng und schneidet ein. Oder es ist zu groß und wirft Falten. Auch die Form der Körbchen ist wichtig. Achten Sie darauf, dass die Brüste gut von allen Seiten umschlossen sind und nichts an den Seiten oder oben überquillt.

Der T-Shirt-Test: Nehmen Sie auf jeden Fall ein neutrales, eng anliegendes T-Shirt zur Anprobe mit und ziehen Sie es über den BH Ihrer Wahl. Erst die genaue Begutachtung unter dem Stoff zeigt Ihnen, ob der BH Ihren Brüsten die optimale Form gibt. Und dennoch brav unsichtbar bleibt.

Greifen Sie immer auf **BHs mit Bü-geln** und einem mittigen Trägeransatz, der Halt gibt, zurück. Die gibt es auch für große Größen und geben der Brust in zwei Richtungen genau die Form, die wir haben wollen: Sie drücken sie zusammen, unerlässliche Voraussetzung für ein schönes Dekolleté. Und sie drücken sie nach oben. Und das gibt nicht nur den Oberteilen Form, es lässt Sie auch schlanker aussehen.

Und wenn Ihre Brüste allzu sehr mit der Schwerkraft gemeinsame Sache machen, dann ist ein Push-up-Balconette-BH (natürlich mit Bügeln) für Sie das Richtige. Durch die Außenträger und den stützenden Push-up-Effekt wird Ihre Oberweite wieder an ihren Platz gewiesen.

Gerade Frauen mit Bauch tun gut daran, ihre Brust mit Push-ups, Einlagen und hübschen Ausschnitten zu betonen. Das lenkt die Blicke von der Mitte des Körpers nach oben!

Auch A-Typen sollten einen **Push-up** einmal ausprobieren, denn die Kurven der Hüften müssen ja oben einen Gegenpart finden!

Pralle Prinzessinnen haben noch ein ganz spezielles Problem. Manchmal haben Körbchen und Unterbrust nicht die gleiche Größe. Das heißt, nichts sitzt da, wo es sitzen soll. Ich zum Beispiel habe maximal ein B-Körbchen und wenn ich einen BH mit passender Unterbrustweite kaufe, fülle ich selbst die manchmal nicht ganz aus. A-Körbchen gibt es aber meistens nur mit einer Unterbrustweite von 85 oder 90 … Den Trick haben Sie auch schon auf Seite 51 gelesen: Kaufen Sie die für Sie optimale Körbchengröße und nähen Sie in den Rücken ein Stück breites elastisches Unterband ein!

DER RÜCKEN

Immer wieder sehe ich Frauen, unter deren Oberteilen sich unschön die **Träger** ihres BHs abzeichnen, und das vor allem im Rücken. Und das betrifft nicht nur pralle Prinzessinnen, auch die Schlanken sehen oft aus wie ein Rollbraten. Das verdirbt die Wirkung des schönsten und teuersten BHs! Achten Sie unbedingt darauf, dass die Riemchen breit genug sind, um nicht ins Fleisch zu schneiden!

nichts mehr mit Oma und ihren hautfarbenen Rüstungen zu tun haben. Und mit einem kleinen, unauffälligen Bauchweg-Slip, der den Bauch an der richtigen Stelle wegzaubert, können Sie mit wenig Aufwand viel erreichen.

DER BAUCH

Nutzen Sie ruhig die neuen **BODYFOR-MING-STOFFE**, die in modernen Unterwäscheabteilungen angeboten werden. Es gibt sehr formschöne Modelle, die

Wenig Aufwand, große Wirkung. Probieren Sie ruhig einmal einen Bauchweg-Slip.

Nehmen Sie sich die Zeit und testen Slips in der Bewegung, um zu sehen, ob auch alles an seinem Platz bleibt. Auch wenn die Verkäuferin Sie schief anschaut, gehen Sie durch den Laden und setzen Sie sich. Wie ist das Gefühl, wenn Sie wieder aufstehen? Bücken Sie sich, gehen Sie in die Hocke! Kriecht der Slip in die Pofalte, oder bleibt er da, wo er sein soll? Erst dann entscheiden Sie sich zum Kauf.

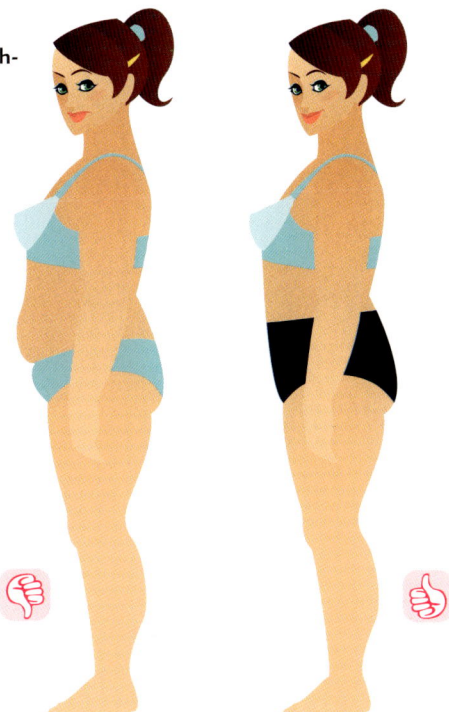

Mein Rat an alle Frauen mit Birnenpo: Hände weg von String-Tangas! Es sei denn, Sie tragen eine Hose oder einen Rock in einem sehr leichten Stoff, unter dem sich auch der leiseste Hauch von Unterwäsche abzeichnet.

DIE TAILLE

Ein **GANZKÖRPERBODY** kann Wunder wirken, wenn Sie ein auf Taille geschnittenes Kleid aus feinem Stoff tragen wollen! Aber achten Sie darauf, dass der Body aus einem Material gefertigt ist, bei dem der Stoff des Kleides nicht aufträgt. Sonst ist die Mühe umsonst!

DER PO

Gute Nachrichten für alle Prinzessinnen, die über ihren Birnenpo klagen: Den **PUSH-UP-EFFEKT** gibt es nicht nur für die Oberweite, sondern auch für den Po. Push-up-Slips verhelfen Ihnen zu einer hübschen Apfelform. Zugegeben, sehr sexy sind diese überdimensionierten Kondome für Ihr Hinterteil nicht … aber sie geben Röcken und Ho-

Ein Ganzkörperbody zaubert auch unter feinen Stoffen eine schöne Silhouette.

sen eine Chance, die schon lange ein trauriges Dasein in Ihrem Schrank fristen. Und es wird sich schon der ein oder andere Weg finden, sich dessen auch im entscheidenden Moment zu entledigen, damit es nicht zum klassischen Bridget-Jones-Moment kommt. Sie wissen schon …

Viel zu viele Frauen mit großem Hintern tragen Minislips. Vielleicht sogar unter engen Hosen aus elastischem Material ohne Taschen. Hände weg! Je kleiner der Slip, desto mehr schneidet er ein und betont das, was Sie doch eigentlich kaschieren wollten. Nur Supermodels können ungestraft Minislips tragen!

OBERSCHENKEL

Pölsterchen an den Oberschenkeln rücken Sie am besten mit einer Panty mit eingestrickten STÜTZZONEN zuleibe. Aber achten Sie darauf, dass die Hose Ihre Körpermasse wirklich vorteilhaft verteilt und nicht an ganz neuen, Ihnen bisher unbekannten Stellen einschnei-

det! Aber auch hier muss wieder gesagt werden, die wenigsten dieser »figurformenden« Shorts sind bequem. Oft fühlt man sich so eingeengt, dass man besser drauf verzichtet. Auch für breite Oberschenkel gibt es optimal geschnittene Röcke und Hosen, ohne dass man sich in enges Lycra zwängen muss.

Bikini/Badeanzug

Ein schwieriges Thema. Wenn nicht das schwierigste überhaupt. Es gibt kaum eine Frau mit üppigen Formen, die sich mit Freuden die Kleider vom Leibe reißt, um sich dann am Strand oder im Schwimmbad aller Welt so zu präsentieren, wie Gott sie geschaffen hat. Traurig, aber wahr, selbst bei brütender Hitze bleiben viele von uns lieber im Haus, als Sonne und Wasser zu genießen. Warum tun Sie das? Weil Sie meinen, so nackt und bloß könnten Sie nicht gut aussehen? Tatsächlich? Ich sage, das stimmt nicht. Auch am Strand können pralle Prinzessinnen einen großen Auftritt hinlegen. Wenn sie ein paar kleine Tricks beherzigen.

Grundsätzlich empfehle ich allen Prallen **BADEANZÜGE**. Die geben da Form und Halt, wo es nötig ist. Ein eingearbeiteter BH gibt dem Busen auch im Badeanzug Halt und ein tiefer Beinausschnitt dem Hintern Form.

Dem **A-Typ** allerdings stehen auch Zweiteiler gut, denn er hat einen schmalen Oberkörper und eine schlanke Taille. Da es auch am Strand, wie überall, um die richtigen Proportionen geht, sollte die Brust, im Verhältnis zu den Hüften, stärker betont werden. Am besten gelingt dies mit einem Bügel-BH und nicht allzu mittig angesetzten Trägern. Große Muster, zum Beispiel bunte Blumen, wirken Wunder, denn sie vergrößern die Brüste optisch. Dazu passt eine nicht zu knapp sitzende Hose, uni oder im gleichen Muster wie das Oberteil.

Für Frauen mit **GROSSEM HINTERTEIL** ist ein Badeanzug mit Längsstreifen ideal. Dazu ein passendes Tuch um die Hüften, wenn Sie einen Spaziergang machen wollen – et voilà, eine Stranddiva!

Dem **O-Typ** empfehle ich dunkle Farben und einen Badeanzug mit Verstärkung in der Taille. Machen Sie sich die Mühe und gehen Sie in den entsprechenden Fachhandel, um sich beraten

Setzen Sie Muster ein, um die Proportionen Ihrer Figur auszubalancieren, denn Muster vergrößern optisch.

zu lassen. Es lohnt sich! Schauen Sie nach Mustern, die Taille vortäuschen, zum Beispiel kurvig verlaufende Streifen. Wenn Sie sich trauen (und ich sage: Nur zu!), probieren Sie einmal trägerlose Modelle, denn die betonen Arme und Schultern und sorgen damit für ausgewogene Proportionen. Und außerdem sorgt das für ein wenig Hollywoodglamour am Badestrand, denn dies war das bevorzugte Modell der großen Filmdiven der 50er-Jahre, wie Jayne Mansfield, der erst nach einem Auftritt ein einem roten Badeanzug der große Durchbruch gelang.

Der **X-Typ** braucht ebenfalls einen Einteiler, aber einen mit tiefem Ausschnitt, um das schöne Dekolleté nicht zu verstecken, und tiefem Beinausschnitt, um

Trägerlose Badeanzüge sorgen bei O-Typen für ausgewogene Proportionen ... und ein bisschen Hollywoodglamour.

Denjenigen unter uns, die mit ihrem BAUCH Probleme haben, rate ich zu einem zweifarbigen Einteiler, der dadurch wie ein Zweiteiler aussieht. Verläuft der Farbwechsel genau an der breitesten Stelle (also dem Bauch), wirkt sie schmaler. Klingt komisch? Ist aber so. Auch hier gilt wieder: Ein tiefer Beinausschnitt sorgt für einen gut verpackten Po und ein eingearbeiteter BH für hübsche Brüste.

Für alle Prinzessinnen, die oben herum viel zu bieten haben, lautet mein allerwärmster Rat: Große Brüste brauchen Halt, auch in Bikinis! Das heißt: Bügel und Außenträger, damit die Brüste nicht in der Mitte zusammengedrückt werden. Wir wollen ja nicht aufs Cover des Playboys. Greifen Sie eher zu Mustern als zu einfarbigen Zweiteilern. Und ... wie immer ... die Bikinihose sollte nicht zu knapp sitzen!

den Po gut zu verpacken und zu stützen. Mein Tipp: ein kleiner Gürtel, eine Stickerei um die Hüfte lassen die Taille schmaler aussehen. Der 70er-Jahre-Stil lässt grüßen!

Für den **Y-Typ** gelten auch beim Badeanzugkauf alle Regeln für einen gut sitzenden BH. Hier würde ich ebenfalls (falls der Bauch hübsch anzusehen ist) zu einem Zweiteiler raten, bei dem die Hose ein auffälliges Muster hat und der BH einfarbig ist. So kommen Proportionen ins Lot.

Oberteile – Hemden, Blusen, Tuniken

Gehören Sie auch zu den Frauen, die glauben, dass ein Oberteil passt, wenn es weit und lang ist? Je weiter, je länger, desto passender? Dann habe ich Neuigkeiten für Sie: Weite Kleidungsstücke ohne Form und Schnitt lassen Sie dicker aussehen, als Sie sind. T-Shirts, Blusen, Tuniken, Pullover sollten alle ihre üppigen Körperformen betonen und hervorheben und sie nicht unter zeltartigen Schnitten verstecken. So merkwürdig es klingen mag, aber je mehr Sie Ihre Figur verstecken wollen, desto mehr fällt sie auf. Trägt ein X- oder ein O-Typ ein gerade geschnittenes, schwarzes T-Shirt mit Rundhalsausschnitt, sieht sie aus wie ein massiger Würfel auf zwei Beinen und nicht wie eine Frau mit Kurven und Formen. Und von solchen Würfeln laufen viel zu viele da draußen herum. Das wollen wir ändern!

Wichtig sind vor allem Struktur und Proportion. Hierauf sollten Sie besonders achten, wenn Sie Oberteile kaufen. Sind Sie ein **A-Typ**, tun Sie gut daran, Ihren breiten Hüften oben herum etwas entgegenzusetzen. Stimmen die Proportionen, sehen die Hüften gleich viel schmaler aus. Also muss der Ausschnitt betont werden, die Schultern optisch verbreitert, durch interessante Details der Blick nach oben, weg von der Hüfte, gelenkt werden. Sind Sie ein **O-Typ**, suchen Sie sicher nach Oberteilen, die nicht Ihren Hals verschlucken, sondern Ihr hübsches Dekolleté betonen. Und ich bin überzeugt, Sie wünschen sich Modelle, die dort eine Taille zaubern, wo eigentlich keine ist. Das geht! Es gibt unzählige Tricks und Kniffe, vertrauen Sie mir, ich bin selber eine Mischung aus A und O!

Farben, Muster und ein auffälliger Ausschnitt betonen den Oberkörper und verkleinern so optisch Po und Hüfte.

Ein wichtiges Thema für alle großen Größen ist die **LÄNGE** der Oberteile. Wo soll der Blazer enden, kann man den Po zeigen, sollten die Oberschenkel kaschiert werden? Ich mach's kurz, die Regel lautet: Der Schritt sollte bedeckt sein. Das ist für die meisten großen Größen die vorteilhafteste Länge. Der Rest richtet sich nach Ihrer individuellen Figur.

Der **A-TYP** hat breite Hüften, schmale Schultern und einen kleinen Busen. Die richtigen Oberteile rücken die Gesamtproportionen wieder gerade und lassen die Hüften schmaler wirken. Suchen Sie nach Mustern, die Ihren Oberkörper horizontal betonen. Streifen machen breiter (wer hätte gedacht, dass wir das einmal wollen würden …?). Ebenso große Kragen, die die Schultern optisch verlängern. Hübsch ist auch ein U-Boot-Ausschnitt, der viel von Ihren schmalen Schultern zeigt. Zusammen mit einem knielangen Rock in A-Linie haben Sie die perfekte 50er-Jahre-Silhouette!

Der **LAGENLOOK**, auch im Sommer, ist für den A-Typ ideal, denn er bringt Tiefe und Struktur in Ihre obere Hälfte. Genau das, was wir wollen. Spielen Sie ruhig mit verschiedenen Farben und lassen Sie einen kontrastierenden Streifen kurz vor der Hüfte enden. Das betont die Taille.

Im Winter muss der A-Typ keine Angst vor **DICKER STRICKWARE** haben, denn die betont den Oberkörper und schafft das notwendige Volumen im Verhältnis zu den Hüften.

Die Grundregel: Kombinieren Sie so, dass das Oberteil immer einen Ton heller als Hose oder Rock ist. Dunkel streckt, sollte also vor allem für die Hüften zum Einsatz kommen.

Kleine, zu kurze T-Shirts sollten A-Typen aller Altersklassen unbedingt vermeiden. Und das betrifft auch die ganz jungen Prinzessinnen, auch wenn alle anderen bauchfrei tragen!

Kleine Blusenkragen sind niedlich, aber zu unauffällig für A-Typen. Sie geben Brust und Schultern optisch nicht genug Gewicht. Lange, voluminöse Ärmel lenken die Aufmerksamkeit auf die Hüften und nicht auf die Taille. Bleiben Sie also bei den schlanken Schnitten.

Für **A- UND X-TYP**, die unglücklich mit Ihrem **DICKEN PO** sind, gibt es ein Allheilmittel: Wickelshirts, möglichst farbig und mit tiefem Ausschnitt. Damit werden alle zwei Ihrer größten Stärken auf einen Schlag betont: Dekolleté und Taille. Vorsicht bei kurzen Ärmeln, die sind nämlich oftmals keine optimale Wahl bei fülligeren Armen.

Betonen Sie Ihre Taille und verstecken Sie sie nicht!

Für den **TYP O** unter uns prallen Prinzessinnen ist es wichtig, in unsere Körpermitte eine **TAILLE** zu zaubern. Und das geht nicht mit weiten, kastigen Tops, sondern nur mit tailliert geschnittenen Oberteilen. Achten Sie darauf, dass die

Noch ein Tipp für Prinzessinnen in A-Form: Wie schon Oma immer sagte … Steh aufrecht, Kind! Was nützt das ganze Styling, wenn man nichts davon sieht!

Taille an der richtigen Stelle sitzt. Die »richtige« Stelle ist nicht unbedingt die, an der Ihre natürliche Taille sitzt. Das Zauberwort lautete »Proportion«. So ist es bei O-Formen oft so, dass die Taille optisch nach oben verschoben werden muss, damit der Körperbau ausgewogen wirkt. Dies gelingt mit T-Shirts und Blusen in Empire-Schnitten, die an der Brust eng anliegen und darunter weiter werden.

WICKELTOPS sind ideal – wieder einmal –, ganz besonders, wenn die Bindung möglichst hoch unter die Brust gesetzt wird. Darüber hinaus lassen sie sich durch die Wickeltechnik Ihren individuellen Formen anpassen. Einmalig!

Details auf Taillenhöhe (oder auf Höhe der »falschen« Taille) können die Formen noch einmal besonders schön betonen. Ein kleiner Gürtel, eine Stickerei,

Achten Sie darauf, dass die Oberteile nach unten immer ein bisschen ausgestellt sind. So stockt nichts unschön auf, sondern fällt locker.

Verlegen Sie die Taille nach oben, das zaubert besonders beim O-Typ eine hübsche Figur.

eine Schleife – achten Sie beim Kauf Ihrer Tops auf diese Spielereien, denn sie sind nicht nur rein dekorativ, sondern ein wichtiges Stylingelement.

Für den O-Typ ist der **AUSSCHNITT** besonders wichtig. Ein tiefer V-Ausschnitt lässt nicht nur viel von dem sehen, worum uns viele andere Frauen beneiden, er bringt auch eine vertikale Linie in unsere ansonsten überwiegend runden Formen und zieht den Oberkörper in die Länge. Vermeiden Sie um Himmels willen Rundausschnitte. Sonst haben Sie noch eine Rundung mehr am Körper! Auffällige Kragen, Muster und Stickereien am Ausschnitt und leichte Schals, locker drapiert, verstärken diesen Effekt noch und lassen unsere Taillen schlanker wirken.

Verbannen Sie Rundausschnitte und ärmellose Oberteile aus Ihrem Kleiderschrank.

Der **X-Typ** mit seiner klassischen Sanduhrform sollte den Busen betonen. Das geht am besten mit einem Wickeloberteil, das in der Taille eng geschnürt werden kann. Sie sehen, mit einer prallen Oberweite kommen Sie um die Wickeltechnik nicht herum! Aber achten Sie darauf, dass das Oberteil auch wirklich eng gewickelt werden kann. Ansonsten wirkt es leicht altmütterlich und ganz und gar nicht sexy!

Ich trage besonders gern Tuniken in Wickeltechnik, die nicht an der Hüfte enden, sondern bis zur Oberschenkelmitte reichen. Warum? Weil sie auf diese Art genau dort enden, wo meine eigentlich ganz guten Beine relativ schmal werden. So kann ich diesen Vorteil noch verstärken! Die langen weiten Trompetenärmel lassen Hände und Handgelenke schmaler erscheinen. Nichts ist schlimmer als einschneidende oder zu kurze Ärmelbündchen, die voluminöse Hände oder gar potenzielle »Wurstfinger« noch betonen!

Oberteile für Frauen mit **GROSSEN BRÜSTEN** (also auch die **Y-TYPEN**) müssen ohnehin die richtige Festigkeit haben, der Stoff darf nicht zu weich und nachgiebig sein. Und selbstverständlich muss die richtige Unterwäsche zusätzlichen – unerlässlichen! – Halt geben. Aber das wissen Sie ja schon.

Alle Typen außer Typ A sollten **POLOSHIRTS**, womöglich noch mit Taschen auf der Brust, meiden wie der Teufel das Weihwasser. Es gibt kaum ein unvorteilhafteres Oberteil für Frauen. Nun ja, für Frauen mit weiblichen Kurven.

Die Regel ist also: Kopf hoch, Brust raus. Aber Vorsicht: Zu knappe Oberteile sehen bei Frauen mit sehr VIEL OBERWEITE billig aus. Auch hier sind oftmals Änderungen einen gute Lösung, vor allem, wenn Sie, wie der Y-TYP, eine schlanke Taille, aber eine große Brust haben. Dann ist es nämlich fast unmöglich, gut sitzende Oberteile von der Stange zu finden! Kaufen Sie Modelle, die an der Brust optimal sitzen, und lassen Sie sie an der Taille, wenn nötig, abnähen.

T-Shirts mit Taschen auf der Brust, kleinem Kragen und noch kleinerem Ausschnitt sehen an Frauen mit großer Oberweite unvorteilhaft aus.

Und noch ein Tipp für Frauen mit üppigen Kurven: Auch wenn es Sie überrascht, vermeiden Sie nicht nur horizontale, sondern auch vertikale STREIFEN. Obelix beharrte zwar darauf, dass Längsstreifen schlank machen, und gab jedem eins auf die Nase, der das Gegenteil behauptete. Aber Streifen bleiben eben beim Tragen keine Streifen, sondern werden zu Wellen, obwohl das ja eigentlich nicht gewollt ist. Und das sieht manchmal richtig doof aus. Gerade Y-Typen sollten darauf achten. Wellenförmige Muster können aber sehr vorteilhaft aussehen. Halten Sie also Ausschau danach.

Dunkel macht schlank, Hell fällt auf. **Y-Typen** tragen die dunkle Farben also eher oben, um den Schwerpunkt auf schlanke Hüften und Beine zu legen, **A-Typen** eher unten, um den Blick nach oben zu lenken. **O-Typen** legen den Schwerpunkt ebenfalls nach unten, während sie im Oberkörper mit hellen Farben arbeiten. Und **X-Typen** setzen helle Highlights in der Taille.

Tragen Sie **KEINE KURZEN ÄRMEL**, die auf Brusthöhe enden. Diese Länge betont – wieder einmal – die Brust. Eher ärmellos, wenn Sie schlanke und feste Arme haben. Und nur dann! Entscheiden Sie sich lieber für lange Ärmel. Ganz wichtig ist diese Regel bei dicken Armen, mit denen wir prallen Prinzessinnen fast alle gesegnet sind. Kurze Ärmel schneiden oft ein, erst recht mit einem Gummizug, und teilen Ihre Oberarme in kleine,

Achten Sie auf die richtigen Farbkombinationen: Dunkel macht schlank, Hell fällt auf.

unansehnliche Rollen. Nein danke. Verlängern Sie lieber zu kurze Ärmel, indem Sie passenden Stoff annähen.

X- UND Y-TYPEN stehen keine **ROLLKRAGEN**. Basta. In diesem Punkt bin ich streng. Ein Rollkragen – womöglich noch in einem dunklen Ton – lässt Ihre obere Hälfte nicht nur wie einen einzigen massiven Farbblock aussehen, er versteckt auch einen Ihrer wichtigsten Vorzüge, das Dekolleté. Rollkragenpullover sind ohnehin sehr unweibliche Kleidungsstücke und sehen nur an der schmalen, grazilen Frauen gut aus.

Sollten Sie besonders **RUNDE SCHULTERN** haben, verzichten Sie auf Rundhalsausschnitte, bei T-Shirts und erst recht bei Pullovern. Greifen Sie besser nach einer Bluse mit Kragen oder einem taillierten Blazer.

Achten Sie darauf, dass die Naht an der Schulter genau auf dem Schultergelenk liegt oder besser sogar noch innen. Jede Naht, die über die Schulter hinausgeht (ich sage nur: Raglanärmel!), zieht die Schultern weiter nach vorne und nach unten. Jeder Schnitt, der genau auf Ihre Schultern passt, lässt diese gerade wirken und gibt ihrem Oberkörper mehr Halt.

Vorsicht bei **SCHULTERPOLSTERN**! Weniger ist hier im wahrsten Sinne des Wortes mehr. In so manchen Blazern und Mänteln sehen wir eher aus wie ein Preisboxer. Bei runden, abfallenden Schultern schaffen jedoch kleine Polster einen Ausgleich und rücken alles an seinen Platz, so dass Ihre Silhouette ausgewogen aussieht. Die Betonung liegt auf *klein*! Ich denke hier nicht an Pamela Ewing, die mit einem Kleiderbügel im Rücken durch Dallas zu stapfen schien …

Noch ein Tipp für alle, die ihren **BAUCH** zu dick finden: Lassen Sie Ihr Oberteil mit einer kontrastierenden Farbe in der Mitte des Bauches abschließen (also ein weißes T-Shirt, das unter einem dunklen Pullover hervorlugt, etc.). Indem Sie so Ihre Silhouette an ihrer breitesten Stelle brechen, kaschieren Sie Ihren Bauch, auch wenn Sie eigentlich das Gefühl haben, die Aufmerksamkeit nun erst recht darauf zu lenken.

Oberteile im Empirestil sind ideal für eine üppige Körpermitte, denn sie betonen die Brust und fallen locker über die störenden Röllchen.

Raglanärmel ziehen runde Schultern nach unten. Ein Blazer mit gut sitzenden Schultern und eine Bluse mit Kragen dagegen gleichen aus.

Oberteile sollten so schmal wie möglich, aber so weit wie nötig geschnitten sein. Zwängen Sie sich in nichts, was Ihnen wie eine zweite Haut an den Speckrollen klebt!

Blusen und Strickjacken sind oft schwierig, weil die **KNÖPFE** an den strategischen Stellen spannen. Wenn Ihre Mitte überproportional füllig ist, verzichten Sie hier lieber auf den taillierten und entscheiden sich für einen geraden Schnitt. Aber auch hier – und vor allem hier! – gilt: Die Bluse darf niemand für ein Nachthemd halten. Bei Strickjacken achten Sie darauf, dass das Material nicht zieht, auch wenn die Modelle auf Taille gearbeitet sind.

Achten Sie darauf, dass Sie nicht vom **MUSTER** Ihres Oberteils erschlagen werden. Das kann den ganzen Eindruck eines gut geschnittenen Modells zunichte machen.

So. Und nun gehen Sie zu Ihrem Kleiderschrank und sortieren alle Oberteile aus, die nicht zu Ihrer Körperform passen. Kramen Sie bis in die hintersten Ecken, wo sich noch alte Sünden verstecken, von denen Sie sich nicht trennen können. Sortieren Sie aus, probieren Sie an. Begutachten Sie sich kritisch im

Zwängen Sie sich in nichts, das wie eine zweite Haut sitzt!

Spiegel, ob alleine oder mit einer ehrlichen Freundin an Ihrer Seite. Und dann räumen Sie nur das wieder ein, was Ihnen auch wirklich steht. Beim nächsten Einkauf nehmen Sie sich die Zeit, um auf Farben, Stoffe, Schnitte und die vielen Details zu achten, die ein Oberteil zu **IHREM** machen. Greifen Sie nicht mehr nach dem erstbesten, lassen Sie sich Zeit. Vielleicht ist der nächste Ein-kaufsbummel erst einmal mühsam, weil es schwierig ist, das Passende zu finden. Vielleicht ist er auch frustrierend, weil Sie tatsächlich nicht fündig werden und unverrichteter Dinge wieder nach Hause ziehen. Aber nur so stellen Sie sich Stück für Stück Ihre neue Garderobe zusammen, in der Sie sich schön, attraktiv und rundherum wohlfühlen. Auf zum nächsten Thema!

Auch große Muster können schlank machen.

Blazer

Viele Frauen mit großer Oberweite und Bauch verzichten auf Blazer. Ganz falsch! Denn wenn es um Struktur, Form und Proportion geht, wirkt ein gut sitzender Blazer gerade bei prallen Kurven wahre Wunder. Ein taillierter Blazer aus festem Stoff formt eine schöne Taille, lenkt die Aufmerksamkeit aufs Dekolleté und gibt dem Outfit Tiefe und Struktur. Das wär's. Klingt simpel, ist aber gar nicht so einfach zu finden. Denn – wie wir alle wissen – jeder Körper ist anders. Also heißt es, bei jeder Shoppingtour Ausdauer beweisen. Und vor allem *nein* sagen können, bis Sie den idealen Schnitt gefunden haben. Suchen, suchen, suchen. Anprobieren, anprobieren, anprobieren. Das ist die Devise.

Auch bei Blazern und Jacken gilt es wieder, die RICHTIGE LÄNGE für große Größen zu finden. Die Regel lautet, wie bei den Oberteilen: Der Schritt sollte nicht zu sehen sein. Das heißt allerdings auch, dass ein etwas knapper geschnittener Blazer sehr gut mit einem längeren Oberteil getragen werden kann, zumal bei unterschiedlichen Farben und Materialien der Effekt noch zusätzlich vorteilhaft sein kann.

BREITE HÜFTEN (der klassische A-TYP) brauchen ein Gegengewicht im Oberkörper. Entscheiden Sie sich also für eine tailliert geschnittene Jacke mit breiten Aufschlägen. Mein Tipp: Wenn Sie ein farbiges Top darunter tragen, schaut ihr Gegenüber automatisch mehr auf Ihre obere Hälfte (als da wären Busen und Dekolleté) als auf Ihre Hüften.

A-Typen sollten einen Blazer wählen, der unter der Brust geknöpft wird. Das lässt die TAILLE höher rutschen und verlängert die Beine. Außerdem wird so der Blick auf die schlankste Stelle des Körpers gelenkt.

Tailliert geschnittene Blazer bringen Ihre Figur geschickt auf Form. Finger weg von Schlabberjacken ohne Kragen!

Tragen Sie Blazer offen und darunter eine kontrastierende (hellere) Farbe. Das bringt eine vertikale Linie in die Figur und macht schlank.

Vermeiden Sie quadratisch geschnittene Jacken, die bis über den Po reichen, und hohe Mao-Kragen, die Ihnen den Hals verschlucken.

Kaschieren Sie einen DICKEN PO nicht mit hüftlangen Blazern! Ich denke hier besonders an unsere A- und X-Prinzessinnen. Die Silhouette sieht noch breiter aus und die Beine werden optisch verkürzt. Tragen Sie lieber eine längere Bluse darunter, dann den taillierten Blazer darüber. Das gibt Tiefe und wirkt dennoch leicht, ohne Sie und Ihre Formen zu erschlagen.

Betonen Sie Ihre Taille! Das gibt dem Körper die nötige Form.

Auch bei O-TYPEN sehen einreihige Blazer mit einer leichten Taille am besten aus. Mein Trick: Ein schmaler Gürtel um die Taille, den Sie auch gerne einmal höher platzieren dürfen als Ihre eigentliche TAILLE, wirkt Wunder und sieht hübsch aus. Runde Aufschläge akzentuieren die **BRUST** und bringen Kurven in die Figur.

Aber auch kastig geschnittene Jacken, natürlich einreihig, schlicht und ohne Aufschläge, stehen O-Typen oft sehr gut. Probieren Sie aus, was Ihnen am besten gefällt. Achten Sie darauf, dass die Jacke nicht zu lang ist, sondern auf den Hüften endet.

Für **X-TYPEN** sollte die Jacke besonders kurz geschnitten sein und ein oder zwei Knöpfe sollten viel von der Brust sehen lassen, damit Ihre wunderbare Sanduhrform zur Geltung kommt. Idealerweise endet sie gerade unter dem Bauch. Mit einem Rock in Godetform

Ein tailliert geschnittenes Kostüm bringt die Kurven des X-Typs wunderbar zur Geltung.

Die richtige Länge ist das A und O.

Auch der Blazer sollte nicht am Bauch spannen, sondern locker – aber auf Figur – sitzen.

Kaufen Sie niemals eine Jacke, die Sie nicht schließen können. Wirklich nicht. Niemals. Immer wieder sehe ich Frauen in Blazern, denen man von Weitem ansieht, dass sie sich niemals über dem üppigen Busen oder dem fülligen Bauch knöpfen lassen werden. Ich weiß, es ist schwer, eine Jacke zu finden, die überall perfekt sitzt. Fast ein Ding der Unmöglichkeit. Hier ist die Lösung: Kaufen Sie ein Modell, das an der breitesten Stelle (meistens die Brust oder der Bauch) perfekt sitzt, und lassen Sie den Rest ändern. Beißen Sie in den sauren Apfel und investieren Sie das Geld. Eine gut sitzende Jacke in Ihrer Garderobe ist Gold wert.

(also einem Rock, der im Saum wieder mehr Weite bekommt) kombiniert, wird Ihre Figur an die großen Filmdiven der 50er-Jahre erinnern!

Suchen Sie nach Modellen mit SICHTBAREN NÄHTEN. Das bedeutet, dass mit mehreren Stoffbahnen und die Jacke wirklich auf Figur gearbeitet wurde. Sichtbare Nähte und Abnäher täuschen sehr trickreich und unauffällig Taille (wichtig auch für O-TYPEN!) vor.

Möchten Sie **BAUCH** kaschieren, ist ein Blazer mit einem Knopf ideal, der die fülligere Mitte nicht einengt. In diesem Falle sollte der Blazer unbedingt in der Länge über den Bauch reichen. Achten Sie darauf, dass er unten weit genug geschnitten ist, damit er nicht unschön spannt. Bewegen Sie sich, wenn Sie ihn anprobieren, und setzen Sie sich. Erst wenn er dann noch bequem ist, kaufen!

BREITERE AUFSCHLÄGE, eventuell mit Verzierungen, oder ein farblich kontrastierendes Top darunter betonen den Brustbereich und lenken vom Bauch ab.

Frauen mit **GROSSEN BRÜSTEN** (Y-Typen) sollten besonders darauf achten, dass der Blazer nicht zu kurz ist. Taschen auf den Hüften, möglichst mit Patten, betonen die Hüften und lassen die Taille schmaler wirken. Achten Sie darauf, dass die Aufschläge nicht zu groß sind, sondern eher lang und schmal geschnitten. Nähte, die über die ganze Jacke und damit auch die Brust laufen, sind sehr vorteilhaft, weil sie Ihre Silhouette verfeinern. Verzichten Sie unbedingt auf dominante Schulterpolster! Bleiben Sie bei einfarbigen Stoffen, große Muster ziehen den Blick auf Ihre Oberweite.

Einfarbige Blazer kaschieren breite Schultern und eine große Oberweite.

Hosen

Welche Hosenform Sie auch immer tragen – jetzt, oder nach der Lektüre dieses Buches –, eins ist sicher: Sie müssen reinpassen. Niemand sonst. Ich kann Ihnen viel erzählen über Hosenlänge, Bundhöhe, Abnäher, Beinweiten, Schlag. Und all diese Informationen werden Ihnen helfen, den optimalen Hosentyp für Ihre Figur zu finden. Aber ich kann Ihnen nicht abnehmen, selber hineinzusteigen und sich kritisch zu begutachten. Sie müssen entscheiden, ob der Bund an der richtigen Stelle sitzt, um Ihre Taille zur Geltung zu bringen. Nur Sie können beurteilen, ob sich über dem Bund der Speck rollt, ob die Beinweite ausreicht, um Ihre Oberschenkel nicht wie Wurst in der Pelle aussehen zu lassen. Nehmen Sie also meine Tipps als das, was sie sind: wichtige Hinweise, um sich durch den dunklen Dschungel des Hosenkaufs zu schlagen. Die Machete müssen Sie allerdings selber schwingen.

Die erste und wichtigste Regel lautet: Tragen Sie Hosen in der richtigen LÄNGE! Jede Ihrer Hosen, egal welcher Schnitt, sollte mindestens knöchellang sein (wenn Sie flache Schuhe tragen), wenn nicht noch länger (wenn Sie Absatz tragen). Zu kurze Hosen machen Ihre Beine nur kürzer. Und es wird wohl kaum eine Frau geben, die kurze Beine haben möchte! Seien Sie deshalb vorsichtig mit ¾-Hosen. Ich kenne keine Frau, ob prall, ob schlank, der eine ¾-Länge wirklich steht, es sei denn (und wie immer gibt es eine Ausnahme, die die Regel bestätigt), sie trägt sie mit hohen Stiefeln.

Sind Sie ein A-TYP, lassen Ihre Hüften Ihre Beine kürzer aussehen. Der Po wirkt im Verhältnis zu Ihrem Oberkörper dick, auch wenn er es gar nicht ist. Das Gleiche gilt für die Hüften und den Bauch. Alles ist wieder einmal eine Frage der Proportion. Eine gerade geschnittene

Hose mit weiterem Bein rückt diese wieder zurecht. Ganz wichtig ist die **HÖHE DES BUNDES**. Ist er zu hoch, vergrößert er den Po, sitzt er zu niedrig, quillt der Bauch (wenn Sie denn einen haben) über. Der Hosenbund sollte ein bis zwei Fingerbreit unter Ihrem Bauchnabel sitzen. Haben Sie viel Bauch, sitzt er höher, haben Sie weniger, darf er auch tiefer beginnen. Dadurch »teilt« die Hose Ihren Po in zwei Hälften und verkleinert ihn damit optisch.

Wichtig für den richtigen Schnitt: Die Hose sollte eng am **HINTERN** liegen, bis zum breitesten Punkt der Hüfte, und dann gerade herunter fallen, um die Beine optisch zu verlängern. Herrenschnitte mit seitlichen Taschen sind für A-Typen verboten! Auch wenn dieses Modell für Ihren Hintern wahrscheinlich sehr vorteilhaft ist, machen die Taschen die Hüften unnötig massig. Suchen Sie lieber nach Hosen mit Reißverschluss an der Seite. Durch den flachen Schnitt am Bauch sehen Sie gleich viel schmaler aus.

Egal welcher Typ Sie sind: Kaufen Sie keine Hose mit Bundfalten! Das zusätzliche Volumen am Bauch kann niemand von uns gebrauchen.

Der Hosenbund sitzt ein bis zwei Fingerbreit unter dem Bauchnabel.

Das Hosenbein fällt locker von der Hüfte abwärts. Das macht nicht nur die Oberschenkel schmaler, sondern auch den Po kleiner.

Der **O-TYP** braucht Taille. Ein weiter geschnittenes Hosenbein zaubert das nötige Volumen, damit die Körpermitte dünner aussieht. Die Hosenbeine sollten so weit geschnitten sein, dass der Stoff weich fällt und nicht da aufstockt, wo Ihre Problemzonen sind. Aber gerade bei Hosen ist es schwierig, feste Regeln in Stein zu meißeln, denn jeder Po, jedes Bein ist anders geformt. Auch hier gilt wieder: Probieren geht über Studieren!

Eine **BÜGELFALTE** teilt das Bein und zieht es vertikal in die Länge. Tragen Sie Ihre Hosen immer ein bisschen zu lang, zusammen mit hohen, spitzen Schuhen, und Ihre Beine werden 20 cm länger sein! Mindestens.

Verzichten Sie auf Stoffe, die unnötig voluminös sind, wie **DICKE WOLL-STOFFE**. Eine Hose soll Ihre Kurven umfließen, nicht verpacken. Übrigens lassen auch **SATINSTOFFE** und alle anderen glänzenden Materialien Sie dicker aussehen, als Sie sind. Auch wenn Sie ein wenig Glamour mögen, bleiben Sie bei den matten Stoffen.

Hosen im **KAROTTENSCHNITT** machen dick. Traurig, aber wahr. Oben weit, unten eng, das mag gemütlich klingen, sieht aber furchtbar aus. Hosen für pralle Prinzessinnen jeden Typs müssen an Po und Hüfte gut sitzen und dann nach unten weiter werden.

Für den **X-TYP** gilt das Gleiche wie für alle anderen mit rundem Po und fülligen Hüften. Eine Besonderheit ist jedoch die schmalere Taille. Wenn Sie die noch betonen möchten – wozu ich nur raten kann –, dann probieren Sie doch einmal eine weit geschnittene Hose an, bei der der Bund auf der Hüfte sitzt und nicht darunter. Dieses Modell ist wieder stark im Kommen und nicht ohne Grund, denn es lässt auch Hosen, die nicht knapp über dem Schambein enden, sehr sexy aussehen. Achten Sie darauf, dass die **ABNÄHER AM PO** an der richtigen Stelle sitzen, so dass die Hose gut an der breitesten Stelle der Hüfte und des Pos sitzt und dann locker über die Oberschenkel fällt. Diese Hosen-

form gibt es auch im Stil einer Männerhose, ein toller Kontrast zu Ihren femininen Kurven, vor allem wenn Sie dazu eine kürzer geschnittene, taillierte Jacke mit schmalen Armen tragen. Perfekt!

Mein Tipp für Frauen mit **DICKEM PO (A- UND X-TYP)**: Lassen Sie ändern! Kaufen Sie Hosen, die am Po und an der Hüfte gut sitzen, und lassen Sie dann den Bund enger machen. Kaufen Sie keine überweiten Hosen, mit denen Sie versuchen, Ihre Formen zu kaschieren. Damit erreichen Sie nur, dass Sie formlos aussehen! Sie haben Kurven, zeigen Sie sie auch!

Ich persönlich trage sehr gerne Hosen, die am Oberschenkel schmal geschnitten sind und sogar anliegen und dann unten weiter werden bzw. einen kleinen Schlag haben. Dazu trage ich dann länger geschnittene Blusen oder Tuniken. Aber Obacht bei überweiten MARLENE-HOSEN! *Ist der Schnitt zu weit, wirkt der Unterkörper wieder massiger, als Ihnen und Ihren Proportionen guttut. So wirkt die Hose sackig und sieht von der Seite grauenhaft aus.*

¾-Hosen verkürzen die Beine und machen breite Hüften.

Tragen Sie die dunkle Farbe dort, wo Sie Ihre Schwächen haben. Für alle außer die **Y-TYPEN** gilt also: Hose oder Rock immer mindestens einen Ton dunkler als das Oberteil wählen!

Ein Tipp für alle Prinzessinnen mit **SPECKROLLEN AM BAUCH**: Der Bund sollte genau in der Mitte vom Bauch sitzen. Nicht darunter, auch wenn es sich zuerst bequemer anfühlt! Damit kreieren Sie eine Rolle, wo vorher noch keine war. Kaufen Sie die Hose so weit, dass der Bund nicht ins Fleisch schneidet. Aus dem gleichen Grund. Wenn Sie schlanke Beine haben, quetschen Sie sie nicht in enge Röhren, auch wenn die gerade modern sind. Der Bauch kommt dadurch nur noch mehr zur Geltung. Es läuft immer wieder auf die gleiche Regel hinaus: Gerade Schnitte lassen pralle Prinzessinnen am besten aussehen.

Die richtige Proportion ist das A und O: Je runder der **BAUCH**, desto weiter das Bein!

Jeans

Der Kauf einer neuen Jeans ist für pralle Prinzessinnen ein Alptraum. Lieber laufen wir in unseren alten abgewetzten und ausgewaschenen Teilen herum, als uns in zu engen, grell ausgeleuchteten Kabinen aufs Grausamste vor Augen führen zu lassen, dass wir keine sogenannte Idealgröße haben und deswegen, bitte schön, auch kein Anrecht auf gut sitzende Jeans. Huschhusch, scheint uns der Spiegel zu sagen, troll Dich und such Dir eine hübsche Jogginghose. Hören Sie nicht auf ihn! Auch für Sie gibt es eine perfekt geschnittene Jeans, in der Ihr Po knackig aussieht.

A-TYPEN rate ich zu einer gerade geschnittenen Jeans, die gerade die richtige Beinweite hat, um die Breite der Hüften auszugleichen. Welche das ist, liegt an Ihren Hüften. Probieren Sie viele Modelle an und prüfen Sie kritisch, ob die Proportionen stimmen.

Wenn Sie ausgestellte Modelle mögen, achten Sie darauf, dass der Schlag nicht zu groß ausfällt, sonst bekommen Ihre Beine eine unschöne X-Form.

Achten Sie darauf, dass die WASCHUNG nicht allzu extrem ist. Meine Faustregel lautet: Die Waschung muss natürlich aussehen, also so, als wäre sie tatsächlich durch Gebrauch entstanden. Prüfen Sie genau, ob der Verlauf vorteilhaft für Ihre Figur ist. Auch wenn die Verkäuferin Ihnen erklärt, dass die ach so topmodischen vertikalen Waschungen ein schlankes Bein machen, seien Sie kritisch. Mit Jeans und ihren Waschungen

Gerade geschnittene Jeans machen ein schlankes Bein. Pralle Prinzessinnen sollten die Finger von Röhrenjeans lassen!

verhält es sich wie mit so vielem anderen auch in der Mode und im Styling: Will man etwas allzu bemüht kaschieren, fällt es ganz besonders auf.

Suchen Sie nach Jeans, deren **BUND AM RÜCKEN HÖHER** geschnitten ist. Zum einen gewähren Sie damit nicht aller Welt großzügig Einblick in das, was Sie darunter tragen. Zum anderen vermeiden Sie auch, dass der Bund unschön absteht und Sie die neu erworbene Jeans

sofort zum Änderungsschneider bringen müssen. Auch die Länge ist, wie schon bei den klassischen Hosen, sehr wichtig. Kaufen Sie Ihre Jeans lang genug, um sie mit hohen Schuhen tragen zu können, denn gerade der A-Typ braucht Absatz, damit die Beine länger wirken. Bevor ein wichtiger Zentimeter fehlt, kaufen Sie die Hose lieber zu lang und lassen Sie sie dann vom Änderungsschneider fachgerecht kürzen.

Sitzen die **TASCHEN** mittig, verkleinert das Ihren Po optisch. Und die richtige Größe (in Proportion zur Größe Ihres Hinterns, selbstverständlich) sollten Sie haben. Kleine, mickerige Jeanstaschen, vor allem wenn sie dazu noch zu weit außen liegen, verschwinden auf großen Hintern und lassen Sie dadurch noch ausladender wirken. Ganz übel sind übrigens Jeans ohne Potaschen. Die haben meistens nicht nur keine Taschen, sondern auch überhaupt keinen Stil – da ist in der Regel nicht viel von dem geblieben, was eine Jeans überhaupt ausmacht. Also: Finger weg!

Kleine, mickerige Taschen lassen Ihren Hintern noch ausladender wirken.

Für besonders **DICKE POPOS** habe ich noch einen guten Tipp: Der Bund sollte zwei Fingerbreit unter dem Bauchnabel sitzen. Das wirkt Wunder, denn diese Höhe verpackt zwar alles Wichtige aufs Wunderbarste, ohne es aber durch allzu viel Stoff noch zu betonen. Dazu, wie immer, ein gerader, nicht zu enger Schnitt und eine dunkle Waschung.

Ein Wort zum **STRETCH**: Eine feine Erfindung, gerade für Frauen ohne Idealfigur. Bequem und passt sich unseren Formen an. Vorsicht, Falle! Die Regel lautet: Stretch darf man nicht sehen! Er ist unser unsichtbarer Wohltäter, der Gutes im Verborgenen tut. Auf keinen Fall darf Ihnen die Jeans in die Röllchen kriechen oder am Oberschenkel kleben. Sie muss weiterhin locker sitzen.

Für den **O-TYP** gilt das Gleiche wie für die A-Prinzessin. Die Hosenbeine sollten ein wenig weiter geschnitten sein, gerne auch unten ein wenig ausgestellt, um die Proportionen im Verhältnis zum Oberkörper zu wahren. Aber Vorsicht: Die Jeans darf nicht zu weit und schlabberig fallen. Es geht immer noch darum, Ihre Formen zu betonen und zu unterstützen, nicht darum, Sie zu verhüllen. Hoch gesetzte Taschen verlängern die Beine, ein guter Trick für alle Os unter uns.

Achten Sie darauf, dass die Taschen auf gar keinen Fall eine Klappe mit einem Knopf haben. Das trägt unglaublich auf, erst recht, wenn man ein längeres Oberteil drüber trägt! Mein Tipp: Ich habe mich schon in tolle Jeans verliebt, die genau dieses Manko hatten – super Schnitt, perfekte Passform, aber KLAPPENTASCHEN MIT KNOPF. Die Lösung: Die Klappe mit einer scharfen Schere einfach abschneiden und den Knopf heraustrennen. Das hat etwas von »Vintage-Look«, den man anderswo teuer bezahlen muss!

Für den **X-Typ** ist der Jeanskauf besonders schwierig, weil wenige Schnitte für ihn geeignet sind. Entweder sitzt die Jeans am Po, dann ist der Bund zu weit. Oder der Bund sitzt, dann sitzt die Jeans am Po enger, als sie dürfte. Tiefer geschnittene Jeans, die auf der Hüfte sitzen, umgehen das Problem. Achten Sie aber darauf, dass das Oberteil lang genug ist (damit Sie sich nicht nach jeder Bewegung unfreiwillig bauchfrei präsentieren) und Ihre Taille betont wird.

Allen Prinzessinnen mit **BAUCHSPECK** rate ich zu einem Schnitt wie bei Männerjeans, gerade und locker. Wenn der Bund mitten auf dem Bauch liegt, ist dieser perfekt kaschiert. Auch wenn Sie finden, dass Hüftjeans die Lösung sind, weil der Bauch dann so schön frei atmen kann: Tun Sie es nicht!

Jeans sind ein absolut unverzichtbares Element in einer modischen Garderobe. Sie sind vielseitig und wandelbar, dabei strapazierfähig und bequem. Tragen Sie sie lässig und sportlich mit einem T-Shirt und Pullover, business-like mit Bluse und Blazer oder schick und sexy mit Highheels und Glitzertop am Abend. Lassen Sie sich bloß nicht einreden, in Ihrer Größe gäbe es kein Modell. Oder dass sexy Jeans nur etwas für Idealfiguren wären. Das stimmt nicht. Sie müssen nur suchen. Und ... Sie werden es schon einmal von mir gehört haben ... anprobieren, anprobieren, anprobieren.

Mein Tipp für alle, die gern ihre Beine zeigen:
Ich trage sehr gerne Jeans, die oben enger geschnitten sind,
das Bein im Bootcut und mit leichter Waschung.
Die kremple ich dann so, dass sie etwa eine Handbreit
unter dem Knie enden, und kombiniere sie dann mit
Stiefeln.

Röcke

Mit Röcken stehe ich auf Kriegsfuß. Zumindest mit denen von der Stange. Ich frage mich manchmal wirklich, was die Designer großer Größen im Kopf haben, wenn sie Röcke entwerfen. Oft wird im Schnitt nämlich der Popo vergessen. Und das ist schon erstaunlich, denn das ist es ja nun einmal – unter anderem –, was große Größen ausmacht. Weil also in der Länge hinten ca. 10 cm fehlen, rutscht der Rock dahin, wo er nicht hingehört. Und wird vorn länger als hinten. Sehr unschön. Also: Lassen Sie sich beim Rockkauf immer auch von hinten begutachten! Suchen Sie nach Röcken, bei denen der Designer daran gedacht hat, dass Frauen nicht eindimensional sind.

Ein sehr vorteilhafter Schnitt für pralle Prinzessinnen ist der Rock in A-Linie. Er fällt locker über unsere Rundungen, schafft Volumen nach unten und damit eine Taille, selbst da, wo keine ist. Was will man mehr!

Gerade für **O-Typen** ist dieser Schnitt ideal. Er sollte immer knapp unterhalb des Knies enden, nie zu kurz sein! Sonst stimmen die Proportionen nicht mehr. Stickereien, kleines Muster (möglichst vertikal oder asymmetrisch angeordnet) oder Pailletten ziehen die Aufmerksamkeit auf die Beine und weg von der nicht vorhandenen Taille.

Der Rock in A-Form schafft Taille, wo keine ist.

Haben Sie einen dicken, aber knackigen **Po** (falls nicht, kann er durch den Einsatz des richtigen Push-up-Slips knackig werden, siehe Kapitel Unterwäsche), sollten Sie einen Rock in Godetform anprobieren. Dieser Schnitt ist auch mein persönlicher Top-Favorit, denn er liegt am Po eng an und wird dann kurz vor dem Saum wieder weiter. **X-Typen** mit ihrer typischen Sanduhrform sehen darin einfach fantastisch und sehr sexy aus. Und auch bei allen anderen zaubert der Godetrock sehr weibliche Kurven und bringt sie gleichzeitig in Form. Ein typisches Beispiel dafür, dass Kaschieren nicht immer vorteilhaft ist!

Ein Rock soll Ihre Silhouette betonen und sie nicht kaschieren! Ein Godetrock z. B. schafft üppige Kurven.

Auch wenn Sie meinen, Ihre Schenkel seien hässlich: Tragen Sie keine langen Röcke bis zum Knöchel, womöglich noch mit flachen Schuhen! Das »bricht« das Bein (hört sich grausam an, ist aber so) und verkürzt optisch. Probieren Sie lieber einmal einen **WADENLANGEN ROCK** (maximal) mit einem schönen **STIEFEL**. Da ist der Übergang vom Schuh zur Kleidung nahtlos – und das streckt.

Das Oberteil schließt so ab, dass es mitten auf dem Bauch sitzt. Das kaschiert und verkleinert die Speckrollen.

X-TYPEN haben ohnehin schon eine Figur, die wie gemacht ist für die sehr weibliche Mode im Stil der 50er-Jahre. Alle Röcke, die schmal in der Hüfte sind und dann glockig fallen, passen also perfekt. Ein Glockenrock oder ein Plisseerock fällt schön über die Hüfte und die Oberschenkel und betont die Taille.

Wer einen flachen **BAUCH** hat, sollte auch bei den Röcken bei den geraden Schnitten bleiben und keine gerafften Röcke oder gar Faltenröcke tragen. Das trägt auf und macht die Speckrollen dicker, als sie eigentlich sind!

Mein Tipp für alle, die mit BAUCHSPECK kämpfen: Tragen Sie Röcke, deren Bund tief sitzt (in A-Form), ungefähr in der Mitte des Bauches. So reduzieren Sie Ihren Bauch optisch um die Hälfte. Aber der Abschluss des Bundes muss sichtbar sein, tragen Sie kein Oberteil darüber, sonst ist der Effekt futsch. Und locker genug muss er sitzen, damit sich keine Rollen bilden!

Kennen Sie das Phänomen, wenn der Rock sich beim Gehen um Ihre Hüften dreht? Wenn Sie nach einigen Schritten die Seitennaht im Schritt sitzen haben und der Stoff Ihnen langsam, aber sicher die Beine hoch wandert? Sehr unangenehm. Das Problem ist Folgendes, der **BUND** sitzt, weil Sie den Rock in der richtigen Weite für Ihre Rundung gekauft haben. Aber er ist an der **HÜFTE** zu weit und hat deshalb viel zu viel Spiel.

Wenn Ihnen das häufiger passiert, sollten Sie einmal einen Bleistiftrock mit hoher Taille und mit den Abnähern an den richtigen Stellen (über der Rundung des Pos und an den Hüften probieren). Das passt, sitzt und hat Luft.

Bitte kaufen Sie niemals Röcke mit **ELASTIKBUND**, auch wenn man Ihnen noch so oft sagt, das sei ja ach so bequem. Das sieht nicht nur verboten großmütterlich aus, es ist auch noch sehr unvorteilhaft für Bauch und Taille.

Mein Tipp: Suchen Sie nach Röcken in A-Form aus festen Stoffen, wie dicke Baumwolle, Jeans oder Leder. Die bringen nicht nur die Kurven zur Geltung, sondern geben ihnen auch Struktur und Form. Vorsicht bei dicken Wollstoffen im Winter, sind sie zu voluminös, machen sie unnötig dick. Das Gleiche gilt, wie auch bei Hosen, für schimmernde Stoffe wie Satin, die die Hüften zusätzlich betonen.

Kleider

Ein Hoch dem Kleid, dem weiblichsten aller Kleidungsstücke! Und ein dreifach Hoch dem Kleid für große Größen! Nichts ist so praktisch, schön und vorteilhaft für kurvige Frauen mit viel Volumen. Voraussetzung ist natürlich, dass das Kleid zu Ihrem Typ passt und an den richtigen Stellen sitzt. Wickelkleider zum Beispiel stehen jeder prallen Prinzessin. Sie sind einfach ideal, weil sie sich Ihren individuellen Formen anpassen und Ihre Stärken – Dekolleté, Busen, Hüfte – betonen und die Schwächen unauffällig kaschieren – Taille, Bauch, Oberschenkel. Aber auch für Kleider gilt meine Warnung aus dem vorherigen Kapitel: Achten Sie darauf, dass der Popo im Schnitt mit eingeplant wurde. Lassen Sie sich beim Kauf auch von hinten begutachten!

Dem **A-Typ** empfehle ich – wie allen anderen Typen auch – Wickelkleider in allen Farben und Mustern, weil die schrägen Linien des Stoffes alle horizontalen Linien brechen. Das heißt, breite Hüften werden schmaler. Voilà! Große Muster – für den A-Typ je wilder, desto besser! – betonen Brust und Oberkörper im Verhältnis zur Hüfte und balancieren den Körper durch eine clevere optische Täuschung aus.

Wickelkleider lege ich ganz besonders dem **O-Typ** ans Herz, denn hier kommt es besonders darauf an, eine Taille dort zu schaffen, wo keine ist. Die O-Prinzessin sollte auch unbedingt ein Kleid mit V-Ausschnitt wählen (was bei Wickelkleidern ohnehin meistens der Fall ist), das streckt den Oberkörper und bringt Länge in die Rundungen.

Ein Kleid mit einem auffälligen Oberteil – durch Muster, Stickerei oder auch Farbe – und einem einfarbigen, schlichten Rock kaschiert geschickt Bauch, Hüften und Oberschenkel.

Etuikleider sind für üppige Figuren verboten! Betonen Sie Ihre Kurven mit einem Wickelkleid, statt sie zu verstecken.

Aber achten Sie stets darauf, dass der Stoff nicht zu locker sitzt. Dann sehen Sie nämlich schnell aus, als wären Sie schwanger. Und wählen Sie **FESTE STOFFE**, die nicht an den Hüften kleben, sondern schön fallen. Weiche, flatterige Materialien legen sich nur unnötig um Ihre Rollen.

Gerade geschnittene **ETUIKLEIDER** sind für große Größen ein Graus. Die Arme liegen frei (und wenn Sie nicht täglich Gewichte stemmen, werden Ihre Oberarme nicht so schlank und straff sein, dass ich Ihnen dazu raten kann), der Busen wird nicht nur durch den hohen Ausschnitt verdeckt, sondern auch durch oftmals falsch sitzende Abnäher geplättet, die Hüften sehen enorm aus, weil das Kleid genau hier aufstockt, und der Bauch wölbt sich im gerade geschnittenen Rock. Tun Sie sich das nicht an!

Eine kleine Ausnahme gibt es allerdings: **A-TYPEN** können Kleider tragen, die im Oberteil wie ein Etuikleid geschnitten sind, aber im Rock A-förmig weiter werden.

A- und X-Typen mit dickem Po sollten sich an figurnahe Kleidung trauen. Wenn Sie schon so schöne Kurven haben, dürfen Sie sie auch ruhig zeigen. Doch gerade hier ist der richtige Schnitt das A und O. Wenn Sie also ein Kleid gefunden haben, das Ihnen gefällt und das Sie lange und oft tragen wollen, lassen Sie **ÄNDERN**, damit alles passgenau sitzt!

EMPIRE-KLEIDER sind für den **O-TYP** sehr vorteilhaft. Je höher die Taille, desto länger (und dünner!) wirkt der Rest des Körpers. Das gilt auch für alle anderen Kleider (und Oberteile).

Haben Sie eine hübsche Taille, verzichten Sie nicht auf einen schönen (schön tiefen …) Ausschnitt, denn der lenkt den Blick sofort auf Ihre Körpermitte.

Verlagern Sie Ihre Taille weg von Ihrer runden Mitte nach oben. Das macht schlank.

Der **X-TYP** ist wie geschaffen für Kleider, das weiblichste aller Kleidungsstücke. Filmstars der 50er, aber auch zeitgenössische Schauspielerinnen wie Scarlett Johansson oder Catherine Zeta-Jones verkörpern diesen Typ Frau. Der klassische 50er-Jahre-Schnitt ist oben kurz und tailliert, betont die Taille und wird nach unten wieder weiter mit einem Rock in A-Linie oder einem Glockenrock. Toll sehen auch ein U-Boot-Ausschnitt oder ein tiefer runder Ausschnitt aus.

Ein Empirekleid verlegt die Taille nach oben, das kaschiert Bauch und macht lange Beine.

Frauen mit **BAUCH** sollten Kleider, Kleider und noch einmal Kleider in ihrem Schrank hängen haben! Kein Kleidungsstück kaschiert besser. Am vorteilhaftesten ist der **EMPIRESTIL**. Aber seien Sie kritisch mit sich selbst. Achten Sie darauf, dass der Stoff nicht zu eng über dem Bauch spannt. Wenn Sie Bauch haben, sollte ohnehin alles immer etwas lockerer sitzen und kann sogar gerne **FALTEN** werfen. Natürlich nur an den richtigen Stellen und nicht über Busen oder Po! Setzen Sie auf Ausschnitt, hübsche Ärmel und eine Rocklänge, die knapp unter dem Knie endet (Röcke, die über dem Knie enden, machen leicht X-Beine ...). Und – ich denke, ich muss es nicht besonders betonen: Finger weg von Etuikleidern!

K leider mit Gürteln betonen die Taille. Es muss nicht immer ein eingearbeiteter Gürtel sein, natürlich können Sie auch selber wählen, welcher Ihnen am besten steht. Achten Sie aber auf die Proportionen. Schmale Gürtel sehen bei großen Frauen zu mickerig, breite Gürtel bei kleinen zu wuchtig aus.

Mein Tipp: Wenn Sie nicht gerade die Arme einer Turnerin haben, wählen Sie **LANGE ÄRMEL**. Kurze sind oftmals sehr unvorteilhaft. Und wenn Sie eine Strickjacke drüberziehen, um die Arme zu bedecken (oder ganz einfach, weil Ihnen kühl ist), sehen Sie schnell aus wie eine Trümmerfrau – praktisch und warm, zweifellos. Aber auch formlos und hässlich. Eine Möglichkeit: Wickeljäckchen (in der für Sie vorteilhaften Länge), die der Büste Form, aber dem Kleid noch genug Spiel geben.

Frauen mit **GROSSEN BRÜSTEN** (wie der **Y-TYP**) haben oftmals Probleme, ein Kleid von der Stange zu finden, das zwar am Brustkasten gut sitzt, die Brust aber dennoch nicht quetscht.

Hier lautet mein Rat wieder einmal: Lassen Sie ändern. Kaufen Sie ein Kleid, das an der Brust gut sitzt, und lassen Sie es dann am Brustkasten und eventuell an den Hüften enger machen.

Eine lange Strickjacke erschlägt das Kleid. Eine Wickeljacke, die auf Form gezogen werden kann, ist die ideale Ergänzung.

Der **Y-Typ** sollte ohnehin alles meiden, was Brust und Schultern noch betont. **Hemdblusenkleider** mit Taschen auf der Brust, womöglich noch mit Klappen auf den Schultern, sind für diese Prinzessin nicht sehr vorteilhaft. Das Wickelkleid passt auch hier wieder toll, oder auch ein Kleid mit Rock in A-Form, das ein bisschen Balance zum breiten Oberkörper bietet.

Ein Wort noch zu den Frauen mit **grossen Brüsten**. Die sehen nämlich oft kleiner aus, als sie sind, also gilt es, Tricks anzuwenden, die optisch vergrößern: V-Ausschnitt, lange Hosen und Schuhe mit Absätzen, Tops und Kleider mit hoher Taille. Der Rock in A-Line passt immer, weil er die Proportionen Ihres Körpers ausgleicht. Und nicht zu vergessen meine geliebten Ärmel, die nach unten weiter werden! Die sind ideal für füllige Oberweiten.

Suchen Sie nach Zweiteilern in unterschiedlichen Größen, aber demselben Material! Es ist mir ein Rätsel, warum diese Möglichkeit so selten angeboten wird, denn die wenigsten Frauen (und Männer ...) haben oben die gleiche Konfektionsgröße wie unten!

Mäntel/Jacken

Ich habe gute Neuigkeiten für Sie: Mäntel und Jacken tragen Sie nicht nur, damit Sie nicht frieren. Es sei denn, Sie statten sich für eine Trekkingtour durch Alaska aus. Dann dürfen Sie dieses Kapitel ruhig überspringen. Die meisten von uns werden aber wohl nur mit unserem mitteleuropäischen Wetter zu kämpfen haben. Und dabei wollen wir es nicht nur warm und trocken haben, sondern auch gut aussehen.

Für Jacken und Mäntel gelten die gleichen Regeln von Schnitt und Proportion wie für alle anderen Kleidungsstücke. Darüber hinaus müssen Mäntel aber auch zu Ihrem übrigen Outfit passen. Ein weiter, mittellanger Mantel kann gut zu schmalem Rock und hohen Stiefeln getragen werden. Kombinieren Sie ihn aber zu weiten Hosen und flachen Schuhen, sehen Sie – möglicherweise – aus, als hätten Sie sich einen Schlafsack übergeworfen. Mein Rat: Bevor Sie das Haus verlassen, werfen Sie noch einen schnellen Blick in den Spiegel und fragen Sie sich, ob Sie in diesem Aufzug Ihrem Traummann an der Kühltheke begegnen möchten. Man weiß ja nie …

Frauen mit schmalen Schultern und breiter Hüfte (**A-Typ**) haben es leicht bei der Suche nach dem geeigneten Mantel: Knielang muss er sein, mit leichter A-Linie ab der Hüfte. Das wär's. Ansonsten ist alles erlaubt, was Ihnen gefällt. Mein zusätzlicher Tipp: Diagonal

Investieren Sie in einen TRENCHCOAT *von guter Qualität! Die zahlreichen Aufschläge und auffälligen Taschen sind – entgegen der landläufigen Meinung – optimal für pralle Prinzessinnen, denn sie lenken die Aufmerksamkeit nach oben, aufs Dekolleté. Die Schulterklappen können hängende Schultern ausgleichen. Wenn Sie Schwimmerschultern (das wird den ein oder anderen Y-Typ betreffen …) haben, dann kaufen Sie eben einen ohne Klappen. Und – ganz wichtig – ein Trenchcoat lässt sich durch den Gürtel noch einmal auf Form bringen.*

Aufgesetzte Taschen betonen breite Hüften zusätzlich. Als A-Typ bleiben Sie besser bei geraden, schlichten Schnitten.

geschnittene, nicht aufgesetzte Taschen (ohne Klappen!) geben den Hüften Kontur, aber kein zusätzliches Volumen. Vermeiden Sie gerade geschnittene Mäntel mit aufgesetzten Taschen auf den Hüften.

Ihre Körpergröße ist wichtig, wenn Sie die für Sie optimale Länge von Jacken und Mänteln aussuchen: Je kleiner die Prinzessin, desto kürzer darf die Jacke sein.

Jacken sind ideal für Frauen mit DI-CKEM PO, am besten mit großem voluminösem Kragen, damit die Gesamtproportionen des Körpers ausgeglichen werden. Manchmal ist es auch in unseren Breitengraden zu kalt für eine Jacke, und wer schön sein will, muss nicht leiden, auch wenn es das Sprichwort besagt. Ein Mantel – einreihig und bis kurz über das Knie –, bei dem die Taille durch ein Accessoire, z. B. einen Gürtel oder ein Detail wie eine Stickerei betont wird, kaschiert prima.

Greifen Sie beim Mantel nicht immer nur nach Schwarz, das ist auf Dauer langweilig. Wenn Sie es dunkel und dezent lieben, schauen Sie sich doch einmal bei den Brauntönen um! Die passen auch zu Ihren schwarzen Hosen.

Ein auffälliger Kragen an einer kurzen Jacke steht dem A-Typ gut, denn er betont die Brust und Schultern im Verhältnis zu Po und Hüften.

Dem **O-Typ** empfehle ich einen gerade geschnittenen **Einreiher**. Ein Blazermantel lässt den Ausschnitt offen und lenkt den Blick auf den schlanken Hals. Sehr vorteilhaft sind auch Mäntel mit einer hohen Taille. Hüfttaschen betonen, wie sollte es auch anders sein, die Hüfte und machen eine schlanke Taille. Auch wenn ich ansonsten dem O-Typ zu Mustern und Mehrfarbigkeit rate, bevorzuge ich bei Mänteln die **Einfarbigkeit**, denn wie bei Jeans und Hosen wollen wir auch beim Mantel einen

verlängernden Effekt. Aber es darf gerne eine knallige Farbe sein! Der Winter ist schon trist genug.

Frauen, die unten und oben viel zu bieten (**X-Typ**), aber eine **schmale Taille** haben, sollten diese immer mit einem Gürtel betonen. Auch gilt wieder, wie auch beim A-Typ: Ein Schnitt, der nach unten weiter wird, fällt locker über die Hüften.

*Für Frauen mit **Bauch** sind lange Jacken in A-Linie vorteilhafter als Mäntel. Wenn sie bis über den Po gehen, halten sie auch im Winter schön warm.*

114

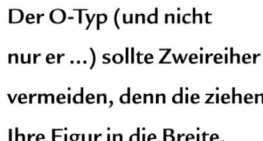

Der O-Typ (und nicht nur er ...) sollte Zweireiher vermeiden, denn die ziehen Ihre Figur in die Breite.

Diejenigen unter uns, die mit GROSSEN BRÜSTEN (Y-TYPEN aufgepasst!) gesegnet sind, sollten Mäntel mit voluminösem Kragen, großen Aufschlägen und auffälligen Knöpfen meiden (Ausnahme ist der Trenchcoat aus den oben genannten Gründen). TAILLIERTE EINREIHER mit einer versteckten Knopfleiste sind ideal, genauso wie Mäntel im EMPIRE-SCHNITT (also mit hoher Taille, die die Brust gut zur Geltung bringt, aber den Rest des Körpers streckt). Y-Typen rate ich zu Klappentaschen auf den Hüften, gerne auch groß und auffällig. Mit diesem optischen Trick steuern Sie geschickt Ihre Proportionen wieder aus.

NÄHTE, NÄHTE, NÄHTE!!! Bei Jacken und Mänteln sehen auffällige Nähte an der richtigen Stelle top an kurvenreichen Frauen aus. Achten Sie auf Wiener Nähte, wie sie oft in Herrensakkos verwendet werden. Die bringen den Schnitt schön auf Figur, ohne dass Abnäher verwendet werden müssen. Ein Gehrock mit Wiener Nähten ist perfekt für pralle Prinzessinnen, denn er streckt ungemein!

Abendkleidung

Für die Abendkleidung gelten dieselben Regeln wie für die Tageskleider, denn die meisten Frauen tragen nun einmal zu Abendveranstaltungen keine Hosen. Halten Sie sich einfach an die Regeln, dann kann auch beim ganz großen Auftritt nichts schiefgehen. Legen Sie ruhig noch einen drauf und lassen Sie es funkeln und glitzern! Greifen Sie in die Trickkiste und arbeiten Sie mit Stolen über den Schultern, Ansteckblumen am Dekolleté und Schleifen in der Taille. Der Abend ist die richtige Zeit für ein bisschen (oder ein bisschen mehr) Glamour und daher genau das Richtige für Prinzessinnen.

PS: Sind Sie eher der Anzugtyp, suchen Sie sich einfach die Tipps aus den Kapiteln Blazer und Hosen zusammen. Denn auch hier gilt: Was Sie bei Licht gut aussehen lässt, tut es erst recht bei Kerzenschein.

Der **A-Typ** sieht hinreißend in einem halterlosen Kleid aus, das viel von Schulter und Hals sehen lässt. Ein Bustier oder eine Corsage, die eng am Körper liegt, ein Rock in A-Linie und fertig ist der Glamourlook der 50er-Jahre. Aber tragen Sie nichts eng Anliegendes aus Stretch oder Jersey, sondern feste Stoff wie Organza oder Chiffon. Auf Verzierungen rund um die Hüfte, Blumen, Schleife etc. sollten Sie aber verzichten. Das betont breite Hüften!

Dem A-Typ steht ein Kleid, dass viel von Hals und Schultern sehen lässt und die schmale Taille betont.

Ein BH ist auch beim Abendkleid Pflicht! Ausschnitt und Träger sollten genug Platz für ein Modell lassen, das Ihnen guten Halt gibt.

Die 50er-Jahre-Silhouette findet man oft in Abendkleidern und sie ist wie gemacht für den **X-Typ** und seine Sanduhrformen. Ein tiefer Ausschnitt, eine Ansteckblume oder eine Schleife, die die Taille betont, und der glamouröse Auftritt ist perfekt.

A- und X-Typen mit **viel Po** haben abends unendlich viele Möglichkeiten, die Blicke auf ihr Oberteil zu

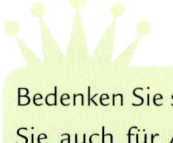

lenken. Neckholder peppen die Büste à la Marilyn Monroe auf (aber Achtung: Auch ein Neckholder ruft nach einem guten BH!). Ein üppiger Schalkragen, in Satin oder Seide, macht ein atemberaubendes Dekolleté und sieht elegant und sexy zugleich aus.

Bedenken Sie schon beim Kauf, dass Sie auch für Abendkleider die entsprechende **Unterwäsche** benötigen. Gerade bei schulterfreien Modellen kann dies schon einmal heikel sein. Die Träger des Kleides sollten immer breit genug für Ihren BH sein. Auch bei einem Galadiner sollen Sie sich locker und entspannt fühlen. Das geht nicht, wenn Sie sich Sorgen machen müssen, dass Ihre Brust aus Ihrem Kleid hüpft, sobald Sie sich zu Ihrem Tischherrn beugen.

O-Typen sehen sensationell in einem **Empirekleid** aus, aber mit einem **breiten, festen Bund**, um dem Körper Form zu geben. Auch ein **Korsagenkleid** sieht sehr hübsch aus. Achten Sie auch bei der Abendgarderobe auf Kleider, die Taille zaubern, und meiden Sie gerade Geschnittenes, lose Fallendes. Das macht Sie unförmig. Die

Holen Sie auch den Schmuck *aus der Kiste, den Sie schon so lange nicht mehr getragen haben: lange Ketten, auffällige Ohrringe und große Glitzerbroschen machen aus schlichten schwarzen Kleidern echte Hingucker.*

Achten Sie auch bei Abendkleidern auf die Taille. Kastige Formen dagegen sehen unförmig aus.

ganz Mutigen können auch ein schulterfreies Kleid mit hoher Taille und weitem Rock probieren und die Schultern mit einer leichten, transparenten Stola bedecken.

Zeigen Sie so viel Haut wie nötig. Nicht wie möglich.

Beim großen Auftritt für den Abend sollten Sie unbedingt auch auf die passende Tasche achten. Nichts ist schlimmer als ein schönes Kleid, das durch einen alten abgewetzten Rucksack herabgesetzt wird ... Mein Tipp: Taschen sollten, was ihre Größe betrifft, einer prallen Prinzessin würdig sein. Also bitte keine Miniteile, die Sie mit einer Hand umschließen können. Sie brauchen etwas in der Hand, das Ihren Maßen angepasst ist! Am besten mit Tragegriff – Clutch-Bags sind für große Größen eher nicht zu empfehlen ...

Tragen Sie zu großen Anlässen ruhig mal wieder bodenlang. Gerade beim O-Typ betont ein Modell mit leichter Taillierung im Unterbrustbereich, das dann aber weich den Körper herabfließt, Ihre Kurven auf sehr sanfte Weise. Ein tiefer Ausschnitt für ein Dekolleté zum Niederknien, lange Ärmel in angedeuteter Trompetenfrom (meine Favoriten!) und der Auftritt ist perfekt!

Auch ein bodenlanges Kleid steht prallen Prinzessinnen!

Ein Vorteil an bodenlangen Kleidern: Man ist relativ frei bei der Schuhwahl! Das heißt jetzt nicht, dass Sie zur Abendrobe Turnschuhe tragen sollten, aber Sie können doch einen bequemen Schuh wählen, in dem es sich auch den ganzen Abend aushalten lässt. Das A und O!

Aber es muss ja nicht immer die Abendrobe sein. Auch ein Zweiteiler kann sehr festlich aussehen. Ein U-Boot-Ausschnitt, lange, schmale Ärmel für das Oberteil, ein Rock mit asymmetrischem Saum (sehr vorteilhaft für kleine O-Typen!) aus weich fließender Seide, ein paar elegante hohe Schuhe, et voilà: Schon haben wir ein elegantes und sexy Outfit für eine lange Nacht.

Ein Rock mit asymmetrischem Saum sieht nicht nur raffiniert aus, sondern betont auch vorteilhaft Ihre Kurven.

Frauen, die große Größen tragen, haben oftmals ein Problem damit, nackte Arme oder viel Schulter zu zeigen. Man kann also z.B. eine tolle Corsage auch ändern lassen, indem man einfach die bevorzugte Ärmellänge mit einem schönen abendtauglichen Stoff annähen lässt! Das Gleiche gilt für Kleider, die vielleicht einfach traumhaft sind, aber keine Ärmel haben. Oder Sie legen sich eine transparente Stola über die Schultern. Das lässt immer noch genug vom Schnitt des Kleides sehen.

Schuhe

Jede Prinzessin liebt Schuhe. Nichts macht mehr Spaß, als nach Lust und Laune DEN Schuh für den Tag (oder die Nacht) auszuwählen. Haben Sie sich viel vorgenommen und wollen Sie sich durchsetzen, dann stehen Sie am sichersten auf dem klassischen Modell. Fühlen Sie sich beschwingt und zu allem bereit, dann darf es auch ein flippiges, ausgefallenes Modell sein. Und das extravagante Modell macht den großen Auftritt am Abend erst perfekt. Schuhe kann man nie genug haben. Sie geben Ihrem Auftritt erst den richtigen Pfiff. Oder aber sie verderben ein ansonsten perfektes Outfit. Der flache Sportschuh zur Hose mit weitem Bein … und schon sehen Sie 10 cm kürzer aus, als Sie eigentlich sind. Ein spitzer Schuh mit Absatz dagegen streckt und macht schlank, nicht nur am Bein! Also: Wählen Sie Ihre Schuhe genauso sorgfältig aus wie Ihre Oberteile.

Ein kleiner ABSATZ ist bei allen Schuhmodellen empfehlenswert. Der streckt das Bein, und auf einem Absatz gehen Sie anders. Bequem sollte er trotzdem sein. Stöckeln ist out!

Die Schuhspitzen sollten unter dem Hosenbein zu sehen sein.

Spitze Schuhe strecken das Bein.

Die **SCHUHSPITZEN** sollten immer unter dem Hosenbein hervorgucken. Sonst wirken Ihre Beine nicht nur 10 cm kürzer, als sie sind (und wer will das schon?), Sie sehen auch aus, als hätte man Ihnen die Füße abgehackt (autsch …). Eine modische Todsünde, die man leider viel zu häufig sieht. Gerade Turnschuhe, so bequem sie sind, passen deshalb überhaupt nicht, wenn Ihre Proportionen nach mehr Beinweite rufen – ob bei klassischen Hosen oder bei Jeans. Dass heißt, je weiter das Bein, desto spitzer und länger der Schuh.

Gerade der **A-TYP** braucht Beinlänge und sollte daher unbedingt spitze Schuhe mit so viel **ABSATZ** tragen, wie er verkraften kann.

Knöchelriemen verkürzen das Bein und lassen die Waden dicker aussehen, als sie sind.

Das gilt auch für Röcke. Vermeiden Sie **RIEMCHEN** um die Knöchel, das verkürzt das Bein und lässt Hüften breiter aussehen.

Einer rundherum rundlichen Silhouette (**O-TYP**) rate ich von **BALLERINAS** ab, auch wenn sie immer Sommer so herrlich angenehm zu tragen sind. Die Form ist einfach zu rund und passt in den Proportionen nicht zur gesamten Erscheinung.

Achten Sie auch beim Schuhkauf unbedingt auf die Gesamtproportionen Ihres Beins. Form und Umfang Ihrer **KNÖCHEL** und Ihrer **UNTERSCHENKEL** sind entscheidend dafür, wie ein bestimmtes Schuhmodell an Ihnen ganz persönlich wirkt. Wenn Sie zu dicken Knöcheln neigen, lassen flache, schmale Schuhe den Knöchel ganz schnell elefantös aussehen. Zum einen, weil sie einfach im Verhältnis zu zart sind, zum anderen, weil Ihre Füße in engen Schuhen viel eher anschwellen!

Das Gleiche gilt für dicke Unterschenkel. Mit einem schmalen, zarten Absatz kann die schönste Sandale nicht richtig wirken. Besser sind Modelle mit kräfti-

Der Absatz sollte zur Wade passen. Ein kräftiger Absatz kann Ihr Bein schlanker aussehen lassen.

Trauen Sie sich ruhig auch mal an auffallende **FARBEN** *heran. Bunte Schuhe können einem eher konservativen oder sogar langweiligen Outfit den notwendigen Pfiff geben.*

gem Absatz, die zu Ihrem Bein passen. Mein Tipp: Probieren Sie einmal Keilabsätze! Die sind wie für kräftige Waden gemacht.

Achten Sie grundsätzlich darauf, dass das Schuhmodell, für das Ihr Herz schlägt, nicht nur an anderen gut aussieht (der besten Freundin zum Beispiel), sondern auch Ihr Bein optimal zur Geltung bringt, im Klartext: schlanker und länger wirken lässt.

Ein Mules mit kleinem Absatz z. B. kann kritisch sein, weil der Absatz zu zart ist und ein hinten offener Schuh mit geschlossener Spitze den Fuß »abschneidet« und das Bein kürzer erscheinen lässt, als es ist.

Meiden Sie GLÄNZENDE STRÜMPFE! Tun Sie mir den Gefallen! Bitte! Denn das ist für dicke Schenkel und Waden überhaupt nicht vorteilhaft. Greifen Sie nur nach matten und auch dichter gewebten Modellen. Spielen Sie mit den MUSTERN, probieren Sie auch einmal Punkte oder Streifen (die aber bitte gerade ausrichten, sonst wirken Ihre Beine dellig!). Strumpfhosen sind eine schöne Gelegenheit, sich einen Hauch von Luxus zu gönnen. Lassen Sie diese Gelegenheit nicht ungenutzt an sich vorbeiziehen!

Auch im Sommer kann ich nur zu STRUMPFHOSEN raten. Ich finde, sie sind ein Muss. In südlichen Ländern (Italien z. B.) tragen die Frauen übrigens auch bei großer Hitze Strumpfhosen, ohne mit der Wimper zu zucken. Die wissen, was gut ist. Es soll mittlerweile

Wählen Sie die STRUMPFHOSEN immer in der Farbe Ihrer Schuhe. Das macht lange Beine!

auch sehr gute halterlose Strümpfe geben, die bleiben, wo sie hingehören, und nicht alle Nase lang das Bein hinunterkriechen. Ich habe nur noch keine gefunden …

Entscheiden Sie sich ruhig auch einmal für STIEFEL, denn hierzu passt auch ein kürzerer Rock. Aber hoch muss der Schaft sein, bis kurz unter das Knie. Bei einem üppigen Wadenumfang schneiden halbhohe Stiefel allzu schnell ins Fleisch. Allerdings muss der Schaft auch wirklich passen, ohne dass Sie Ihre Waden quetschen müssen. Für große Größen ist es nicht immer einfach, das Richtige zu finden.

Finden Sie Ihr Glück in herkömmlichen Schuhregalen nicht, rate ich Ihnen, über die Investition in maßgeschneiderte Stiefel nachzudenken. Diese Möglichkeit gibt es im Reiterfachgeschäft, für die das tägliches Geschäft ist. Allerdings werden Sie dort nur eine frustrierend begrenzte Auswahl an Modellen vorfinden … Da Stiefel seit einigen Jahren nicht mehr aus unseren Schuhschränken wegzudenken sind, hat die Industrie die Rufe vieler Frauen erhört (endlich einmal!). Viele Marken bieten auch Weitschaftstiefel an. Fragen Sie die Verkäuferin danach. Und noch ein Tipp: Schauen Sie einmal im Internet unter *www.duoboots.de*. Dort gibt es maßgeschneiderte Stiefel (bis 50 cm Wadenumfang!) in topmodischen Modellen.

Suchen Sie nach Stiefeln mit elastischem Schaft! Der passt sich Ihren individuellen Formen an und liegt schön eng am Bein. Auch hier gilt wieder: Ein bisschen Absatz ist sehr vorteilhaft.

Schmuck/Accessoires

Das richtige Accessoire kann für Ihr Outfit Wunder wirken. Das falsche kann es leider komplett ruinieren. Manche Frauen scheinen einfach ein Händchen dafür zu haben, wie durch ein Wunder immer den Schal, die Tasche, die Ohrringe, die Brosche auszusuchen, die ihr Outfit erst vervollständigen. Als gäbe es ein Gen für die Auswahl von Accessoires. Beneidenswert! Aber Gott sei Dank kann man diese Kunst auch lernen, indem man einfach ein paar kleine, aber feine Regeln befolgt.

Punkt 1: WENIGER IST MEHR.

Entscheiden Sie sich lieber für ein aussagekräftiges Teil, das Ihr Outfit perfekt ergänzt. Das macht Ihr Erscheinungsbild interessanter als viele einzelne Accessoires, die sich untereinander Konkurrenz machen.

Punkt 2: DIE PROPORTION MUSS STIMMEN.

Bei Accessoires kommt es nicht nur auf Ihre Körperform an, es ist auch wichtig, ob Sie zarte oder kräftige Knochen haben. Um das festzustellen, prüfen Sie ganz einfach Ihre Handgelenke, Finger, Arme und die Schultern und vergleichen Sie sie mit denen Ihrer Freundinnen. Stecken Sie sich Ringe unterschiedlicher Größen an. Gefallen Ihnen Ihre Hände besser mit breiten oder schmalen Ringen, mit großen oder kleinen Steinen? Verschwindet Ihr Handgelenk unter einem breiten Armreif oder verlangt es nach einem zarten Kettchen? Steht Ihnen ein schwerer Wollschal oder ein leichtes Seidentuch? Verlassen Sie sich nicht nur auf Ihre üppigen Kurven. Auch schwere Kaliber können Elfenhände haben!

Punkt 3: DIE GELEGENHEIT MUSS PASSEN.

Im Büro mögen Glitzer und Glimmer ja übertrieben sein (obwohl ... ein bisschen funkeln darf man auch tagsüber), aber abends gehört die Glitzerspange im Haar, die Brosche am Dekolleté oder der Paillettengürtel zu einem glamourösen Auftritt. Rüschen Sie sich auf! Wenn nicht jetzt, wann dann?

Punkt 4: ACCESSOIRES MÜSSEN ZU IHNEN UND IHREM STIL PASSEN.
Wenn die Modeindustrie uns einen Sommer lang alle wie kleine US-Soldaten im Military-Look herumlaufen lassen will, muss das nicht unbedingt etwas für Sie sein. Dicke Ketten im Ethnostil sind schön, sehen aber an Frauen in einem klassischen Kostüm befremdlich aus.

Und Punkt 5 (DER WICHTIGSTE!):
Lassen Sie Ihre Fantasie spielen! Greifen Sie nicht immer wieder nach der gleichen Perlenkette, die »eigentlich zu allem passt«. Probieren Sie vor dem Spiegel aus, spielen Sie mit verschiedenen Rollen, toben Sie sich aus!

Beim A-Typ kann der Schal ruhig ein wenig voluminöser sein, so balanciert er die breitere Hüfte aus.

TASCHEN müssen nicht nur in ihren Proportionen zu Ihrer Statur, sondern auch in Farbe und Stil zum Outfit passen. Manchmal kommen mir die Tränen, wenn ich hübsche, leichte Sommerkleider sehe, die durch quer gehängte, klobige Messengertaschen verunstaltet werden. Mag ja sein, dass das praktisch ist. Aber schön ist es nicht. Da gibt es doch andere Möglichkeiten. Verlassen Sie sich nicht das ganze Jahr über auf das immer gleiche schwarze Ledermodell. Das kann nicht funktionieren. Sie haben ja auch nicht nur ein paar Schuhe, die Sie dann Sommer wie Winter tapfer zu egal welchem Outfit tragen, oder?

Tragen Sie TASCHEN auf der richtigen Höhe, das heißt nicht direkt unter den Arm geklemmt (also auf Brusthöhe) und auch nicht auf der Hüfte. Auf Tail-

lenhöhe ist ideal. Und achten Sie darauf, dass die Größe der Tasche zu Ihren Gesamtproportionen passt! Kleine Täschchen sind doch meistens etwas für zarte Figuren.

Auch die Farbe Ihrer Tasche sollte zum Outfit passen.

Die Größe der Tasche sollte zu Ihrer Figur passen, nicht zu klein und nicht zu groß.

Ich selber greife immer wieder gerne und oft auf Stulpen zurück und kann das auch nur allen prallen Prinzessinnen (von A bis Y) empfehlen. Wenn die Ärmel zu kurz sind (was nicht selten vorkommt, Gruß an die Bekleidungsindustrie), ziehen Sie farblich passende, aber transparente Stulpen darunter. Man kann von Stulpen gar nicht genug im Schrank haben, denn damit lassen sich viele Oberteile retten oder aufpeppen. Wenn Sie also schöne sehen, schlagen Sie zu und kaufen Sie ruhig auf Vorrat. Nur lang genug müssen sie sein, mindestens 25 bis 30 cm.

Für A-TYPEN gibt es viele Möglichkeiten, mit Accessoires die BÜSTE zu betonen. Ansteckblumen am Revers lenken den Blick nach oben. Kurz gebundene bunte Schals ebenfalls. Aber Achtung: Wenn Sie einen kurzen Hals haben, verzichten Sie lieber darauf. Eine auffällige Brosche am DEKOLLETÉ, eine breite Kette oder lange Ohrringe sind echte Hingucker.

Allen Frauen mit eher weichen Armen rate ich von Armbändern ab. Es sei denn, Sie haben nichts gegen eine zusätzliche Delle am Arm.

Vermeiden Sie alles, was den Blick auf ihre **HÜFTEN** lenkt. Große Taschen quer und auf der Hüfte getragen sind für A-Typen verboten! Klemmen Sie sich lieber eine große, geräumige unter den Arm. Armreifen und große Ringe betonen die Mitte Ihres Körpers. Genießen Sie sie also mit Vorsicht.

Für **Y-TYPEN** gilt übrigens genau das Gegenteil. Logisch, denn hier soll ja die Hüfte im Verhältnis zur Büste betont werden. Hüftlange Taschen, Armreifen und große Ringe sind also (wenn die Knochenstruktur es zulässt) angesagt.

Überladen Sie die Hände nicht mit **RINGEN!** Das sieht dann schnell aus, als würden Sie für die lokale Mafia Geld eintreiben wollen und hätten sich schon einmal den Schlagring übergestreift. Entscheiden Sie sich für einen, und das auch nur, wenn Sie schöne Hände haben.

Gürtel sind ein dekoratives Mittel, um Form in die Rundungen des O-Typs zu bringen.

Alle Frauen mit üppigen Kurven sollten sich von kurzen Ketten verabschieden. Die verkürzen Ihren Hals. Wählen Sie lange Modelle, mindestens bis zur Brust.

Binden Sie einen Schal als Gürtel locker um die Hüften und lassen Sie ihn an einer Seite hängen. Das lässt die Hüften schmaler aussehen, weil es sie optisch vertikal verlängert.

KETTEN müssen lang sein! Sollten Sie eine besitzen, an der Ihr Herz hängt, die aber zu kurz ist: Im Fachgeschäft lassen sich die meisten Ketten verlängern.

Ohrstecker sehen an kräftigen Frauen oft fehlplatziert aus. **OHRHÄNGER** sind hübscher und passen besser zur Gesichtsform.

Mein Tipp: Mit Gürteln kann man sehr schön ein bisschen BAUCHSPECK verstecken. Achten Sie auf eine gute Breite und tragen Sie ihn locker und tief genug, dass die Schnalle über dem Bauch sitzt, und der Speck ist verschwunden.

Für den **O-TYP** sind **GÜRTEL**, Gürtel und noch einmal Gürtel ein absolutes Muss! Platzieren Sie sie Ihrem Outfit entsprechend locker um die Taille (den Variationen sind keine Grenzen gesetzt!) und bringen Sie so Form in Ihre Silhouette. Aber Achtung: Die Betonung liegt auf Form! Der Gürtel darf nicht so stramm sitzen, dass der Bauchspeck oder die Unterbrust sich mit Rollen zu Wort melden.

Farbige Schuhe, bunte Schals, breite Gürtel und Taschen lockern Outfits auf, die am O-Typ sonst allzu leicht flächig wirken könnten.

X-TYPEN mit schmaler Taille und breiten Hüften müssen achtsam bei der Auswahl ihrer **GÜRTEL** sein. Die Breite muss genau so sein, dass die Kurven

**Drapieren Sie Schals
locker und lässig,
das bringt Länge in Ihre
Figur.**

vorteilhaft betont werden. Ist der Gürtel zu schmal, ist alles für die Katz. Ist er
zu breit, quetscht er Ihnen unschön die
Unterbrust hoch und die Hüfte (oder
noch schlimmer, den Bauch) herunter.

Die richtige Stelle für Gürtel, das ist
ohnehin etwas, was Frauen mit dickem
Po individuell ausklamüsern müssen.

Viel Spaß!

Viel Spaß!

Wenn wir mit »Pralle Prinzessinnen« alles richtig gemacht haben, dann sind Sie jetzt hoffentlich voller Tatendrang: Im Idealfall wollen Sie sofort Ihren Kleiderschrank ausmisten und/oder die nächsten Geschäfte stürmen. Das sollen Sie auch. Aber überstürzen Sie bitte nichts!

Eine Prinzessin hat viel Zeit und lässt sich nicht aus der Ruhe bringen. Lieber bereitet sie ihren »Relaunch« sorgfältig vor und geht ihn Schritt für Schritt. Gönnen Sie es sich, Ihren Weg zu zelebrieren! Fangen Sie zunächst bei sich selbst an, bevor Sie in blinden Aktionismus verfallen. Lassen Sie sich ein Bad ein und widmen Sie sich genüsslich erst einmal Ihren ganz eigenen Ressourcen. Vielleicht machen Sie auch erstmal einen Termin beim Friseur, bei der Massage oder bei der Kosmetikerin, bevor Sie sich an Ihren Kleiderschrank begeben, oder Sie kümmern sich um Ihre lang vernachlässigten Fingernägel.

Ach ja, hierzu auf die Schnelle noch ein kleiner Tipp: French Manicure, also die Art Maniküre, bei der die Nagelspitzen in einem Weiß oder hellen Beige betont werden, macht auch aus gefühlten »Wurstfingern« weibliche, gepflegte Hände. Aber dabei bloß nicht übertreiben: Die Nägel sollten niemals zu lang sein und auf keinen Fall Ecken und Kanten haben. Bitte immer weich und rund feilen! Das klappt übrigens auch ohne einen teuren und aufwändigen Termin bei der Maniküre. Ich mache das seit Jahren selbst und habe mittlerweile so viel Routine dabei, dass ich es ohne Schablonen auch blind oder mal kurz »zwischendurch« kann. Übung macht die Prinzessin! Zum schnellen Ausbessern habe ich auch immer ein Minifläschchen weißen schnelltrocknenden Nagellack in meiner Handtasche. Nimmt nicht viel Platz weg, hat sich aber schon tausendfach bewährt!

Aber zurück zum eigentlichen Thema! Bitte nicht vergessen: Eine pralle Prinzessin sind Sie zuallererst von innen, aus sich selbst heraus, und nicht von außen. Nur neue Klamotten, das reicht nicht. Also: Schaffen Sie sich Ihre Rituale, mit denen Sie jedes Mal, bevor Sie das Haus verlassen, an Ihr »Prinzessinnen-Dasein« erinnert werden, und ziehen Sie sie konsequent durch. Bei mir haben diese Rituale mittlerweile einen so festen Platz, dass ich sie ganz automatisch einplane, wann immer ich mein Leben und meinen Zeitplan vorbereite. Sie gehören dazu wie die Tatsache, dass ich irgendwann einfach schlafen gehen, Mahlzeiten einnehmen oder Zähne putzen muss.

Wenn Sie dies konsequent durchziehen, werden Sie sich wundern, wie schnell sich diese Rituale ganz selbstverständlich anfühlen. Schon bald werden Sie sie brauchen, um sich wohlzufühlen. Haben Sie keine Angst davor! Denn das ist keine negative Tatsache, sondern eine äußerst positive: Wer es schafft, sich mit schlichter Selbstverständlichkeit liebe-

voll zunächst einmal um sich selbst zu kümmern, der kann den Rest des Lebens und seine Anforderungen in der Regel mit sehr viel mehr Langmut, Großzügigkeit und Leichtigkeit meistern. Es sind zwar abgedroschene Sprüche, aber sie stimmen einfach: Bist Du unzufrieden mit Deinem Leben, fange bei Dir selbst an, und wer sich mit sich selbst wohlfühlt, mit dem fühlen andere sich ebenfalls wohl.

Apropos andere: Vielleicht haben Sie als Frau jenseits der 60-Kilo-Grenze schon viele schlechte Erfahrungen mit anderen Menschen gemacht. Dumme Sprüche, Lästereien und fiese Kommentare haben Sie verletzt. Ich weiß, wie weh das tut, und auch ich bin heute noch nicht ganz dagegen gefeit, verletzt zusammenzuzucken, wenn zum Beispiel ein Oliver Pocher mich wiederholt und sehr bewusst provoziert, und zwar nicht nur vor einer Handvoll Menschen, sondern vor einer ganzen Fernsehnation. Am Anfang habe auch ich das nicht so leicht weggesteckt. Aber mit der Zeit kam die Frage: Warum sollte ich mir von so etwas meine Würde nehmen lassen? Und es kam die Erkenntnis, dass ich genau aus diesen Umständen in meinem Leben bisher viel Gutes ziehen konnte.

Wenn man nicht der Norm entspricht, dann lernt man eine ganze Menge über die Menschen. Aber dafür habe ich mittlerweile eine exzellente Beobachtungsgabe, die mir bei meiner Tätigkeit als Romanautorin und überhaupt in meinem ganzen Leben sehr zugutekommt, und ich habe die Gabe entwickelt, die Idioten von den Nicht-Idioten zu unterscheiden, in der Regel auf den ersten Blick. Und das ist sehr viel mehr wert als eine Konfektionsgröße, mit der man nicht aneckt!

Wenn Sie versuchen, sich dies immer wieder vor Augen zu führen, sobald Sie mit der nächsten Provokation konfrontiert werden, dann werden Sie bald mit derlei Unhöflichkeiten sehr viel gelassener umgehen können. Ziehen Sie sich einfach nicht jeden Schuh an, den man Ihnen hinhält! Sie als Prinzessin suchen sich Ihre Schuhe selbst aus, und Sie entscheiden selbst, welcher Schuh Ihnen passt und welcher es überhaupt wert ist, dass Sie ihn auch nur eines Blickes würdigen oder gar in ihn hineinsteigen.

Bleiben Sie bitte trotz eventueller schlechter Erfahrungen immer offen. Ziehen Sie sich nicht zurück, gehen Sie dennoch vertrauensvoll und fröhlich in die Welt und auf andere zu! Verstehen Sie nicht jede Bemerkung als furchtbar böse gemeint! Lernen Sie zwischen den liebenswürdigen, humorvollen Sticheleien von Menschen, die Sie ja eigentlich lieben und die auch von Ihnen geliebt werden, und den wirklich fiesen Zungen zu unterscheiden. Und: Kommentare von Menschen, die Sie nicht persönlich kennen, sollten Ihnen genau dort vorbeigehen, wo die Prinzessin die Erbse fühlt. Warum sollten Sie sich überhaupt damit beschäftigen? Und: Warum verschwenden andere Menschen ihre Zeit damit, sich mit den vermeintlichen »Fehlern« anderer Menschen zu beschäftigen? – Doch in der Regel nur deshalb, weil ihr eigenes Leben so langweilig ist, dass sie sich etwas suchen müssen, an dem sie sich austoben können. Und darüber können Sie als Prinzessin natürlich milde lächelnd hinwegsehen, denn Sie haben Besseres zu tun. Bitte beherzigen Sie dies, immer und überall!

Ich persönlich werde jetzt meine kleinen Rituale durchziehen und dann ins Theater gehen – im Schmidt-Theater in Hamburg läuft gerade eine Produktion, in der eine völlig überzeichnete »Wine Tittler« in einer zeltartigen, schreiend bunten Tunika über die Bühne stampft und für Chaos sorgt. Darüber bin ich nicht böse, denn das ist eine Liebeserklärung, die ich gern annehme. Böse war ich höchstens darüber, dass ich nicht zur Premiere eingeladen war, aber dafür

habe ich jetzt statt zwei Karten zwölf Tickets zur Verfügung und kann mit meinem ganzen Büro samt Begleitern dort hingehen. Und ich werde dort viel Spaß haben … Sie sehen also, eine Prinzessin kriegt letztendlich immer, was ihr zusteht. Und Sie kriegen das auch! Viel Spaß dabei, es zu bekommen!!!

Wer weiß, vielleicht gehört ja eines unserer *prallewelt.com*-Modelle dazu. Unsere Chefdesignerin Sabine Hanneger, ich und mein ganzes *prallewelt.com*-Team freuen uns jedenfalls, wenn Sie uns im Internet besuchen, und wir freuen uns natürlich noch mehr, wenn Sie bei uns Ihr Lieblingskleid oder -oberteil finden, das wir Ihnen ganz prinzessinnenlike auf den liebenswerten Leib schneidern dürfen!

Alles Gute!!!

Tine Wittler.

Register